麻将新手
一学就会

爱林博悦 主编 陶方 编著 （完全图解版）

人民邮电出版社

北　京

图书在版编目（ＣＩＰ）数据

麻将新手一学就会：完全图解版 / 爱林博悦主编；
陶方编著. -- 北京：人民邮电出版社，2023.1
ISBN 978-7-115-59999-5

Ⅰ．①麻… Ⅱ．①爱… ②陶… Ⅲ．①麻将—牌类游
戏—图解 Ⅳ．①G892.2-64

中国版本图书馆CIP数据核字(2022)第167805号

内 容 提 要

在休闲之余或是亲朋好友聚会时，打麻将往往是打发时间、增进情感的有效方式。麻将的玩法简单，已逐渐成为日常生活中备受大家喜爱的一种休闲娱乐活动。

本书由 3 章和附录组成，采用彩色图解的方式为读者详细地讲解了麻将的玩法，内容包括麻将基础知识、麻将的行牌步骤、麻将基本玩法详解和麻将胡牌番种。本书遵循从零基础到技能掌握的学习理念，注重理论与实践相结合，趣味十足，有助于激发读者的阅读兴趣，快速理解和掌握麻将的玩法与技巧。

本书内容通俗易懂，图文结合，适合麻将初学者阅读。

◆ 主　　编　爱林博悦
　　编　　著　陶　方
　　责任编辑　裴　倩
　　责任印制　马振武

◆ 人民邮电出版社出版发行　　北京市丰台区成寿寺路 11 号
　　邮编　100164　　电子邮件　315@ptpress.com.cn
　　网址　https://www.ptpress.com.cn
　　涿州市般润文化传播有限公司印刷

◆ 开本：700×1000　1/16
　　印张：5.5　　　　　　　　2023 年 1 月第 1 版
　　字数：120 千字　　　　　2025 年 9 月河北第 8 次印刷

定价：32.00 元

读者服务热线：(010)81055296　印装质量热线：(010)81055316
反盗版热线：(010)81055315

目录 CONTENTS

第 **1** 章

麻将基础知识

1.1　麻将的组成和常见组合方法

麻将是一种极富趣味性与竞技性的娱乐项目，它的玩法简单，但变化多样。那么，你了解麻将的组成及其常见的组合方法吗？

1.1.1　麻将的组成

一副麻将分为麻将牌和骰子，麻将牌的标准牌数为 144 张，分为 6 类 42 种图案，包含条子牌、筒子牌、万字牌、风牌、三元牌和花牌，其中条子牌、筒子牌、万字牌三种牌统称数牌，风牌和三元牌统称字牌。

玩麻将时，如果牌数是 144 张，就叫作打花麻将。如果牌数是除去花牌后的 136 张，则叫打素麻将。注意，本书基于素麻将玩法介绍麻将的相关内容，因此对花牌仅进行简单介绍。

◆ 条子牌

条子牌包含了数字一到九的牌，每个数字各 4 张，共 36 张。组成条子牌点数的图案是条状花纹，一条花纹代表一个点数。其中，一条通常是一只鸟的形象，因此部分地区将一条叫作么鸡。

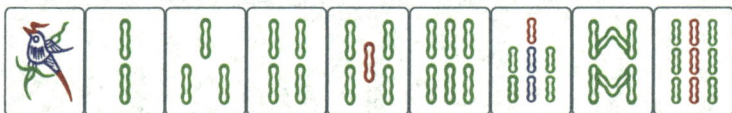

条子牌的点数图案样式

◆ 筒子牌

筒子牌包含了数字一到九的牌，每个数字各 4 张，共 36 张。组成筒子牌点数的图案是同心圆，一个同心圆代表一个点数，因此牌面上排列着几个同心圆就是几筒。

筒子牌的点数图案样式

◆ 万字牌

万字牌包含了数字一到九的牌，每个数字各 4 张，共 36 张。组成万字牌点数的图案分上下两部分，图案上方为数字一到九的汉字小写，图案下方则是"万"的繁体字形。万字牌在叫法上直接按点数叫，如一万、六万。

万字牌的点数图案样式

◆ 风牌

　　风牌包含东、南、西、北 4 种牌，每种各 4 张，共 16 张。

风牌的点数图案样式

◆ 三元牌

　　三元牌，是指中、发、白这三种牌，每种各有 4 张，共 12 张。牌面上分别刻有红色的简体汉字"中"、繁体汉字"发"以及方框，有的玩家称其为红中、发财、白板。

三元牌的点数图案样式

◆ 花牌

　　花牌，由春、夏、秋、冬、梅、兰、竹、菊 8 种牌构成，每种牌各 1 张，共 8 张。

◆ 骰子

　　麻将有 2 个骰子，每个骰子有 6 个面，每一面上排列着数量不等的小圆点，用来表示数字 1～6。

　　把两个骰子的点数加起来，能组成 2～12 等 11 个点数。这些点数可以用来定拿牌的起始位置和座位。

骰子

1.1.2　麻将常见的组合方法

　　在实战中很少出现开局拿牌就听牌的情况，通常需要通过摸牌换张、吃牌、碰牌、杠牌等方式来组合手牌，使手牌听牌，从而胡牌。

◆ 麻将胡牌的牌型结构

　　麻将胡牌后的牌型应为 3+3+3+3+2 的组合。

　　其中，3 既可表示三张相同的牌，又可表示连续的三张数牌。2 代表两张相同的牌，即将牌。

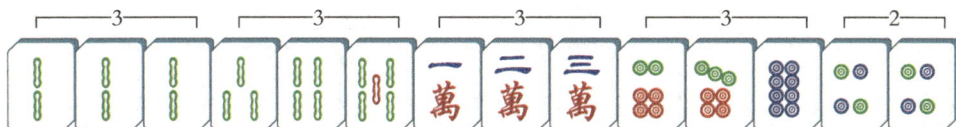

麻将胡牌的牌型结构

◆ **麻将的组合方法**

在实战中，一副手牌有多次吃牌、碰牌、杠牌的机会，在一局麻将中吃牌、碰牌、杠牌可以不用同时出现，要结合手牌情况来判断是否吃牌、碰牌或杠牌。

下面介绍摸牌换张、吃牌、碰牌、杠牌等麻将组合方法在实战中的运用。

摸牌换张　摸一张牌，如果是需要的牌就留在手上，再舍出一张不需要的牌，来优化牌型。

摸牌前

摸进的牌　　　　　　舍出的牌

摸牌换张后

吃牌　上家舍出的一张牌能与手中的两张牌组成顺子，就可吃牌，同时需要舍出一张牌。

吃牌前

上家舍出六万，吃牌　吃牌后舍出的牌

吃牌后

【吃牌】

碰牌　其余玩家舍出的一张牌，正好与手里的对子一样，就可碰牌，同时需要舍出一
　　　　张牌。

碰牌前

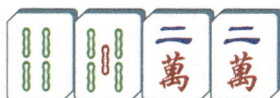

其余玩家舍出八条　　　　　碰八条后舍出六筒

碰牌后　　　　　　　　　【碰牌】

杠牌　手中有三张一样的牌，通常称为刻子，无论是其余玩家舍出还是自己摸到与刻
　　　　子相同的牌，就可杠牌。杠牌后要先摸一张牌，然后再舍出一张牌。

杠牌前

其余玩家舍出或自己摸到一筒　　　舍出杠牌时摸进的九条

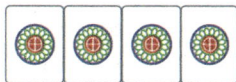

杠牌后　　　　　　　　　【杠牌】

1.2　麻将常用术语和牌谱口诀

在打麻将的时候，玩家经常会说一些麻将术语和牌谱口诀。如果听不懂其他玩家说的是什么，不利于预测其他玩家手中的牌，而且自己也不能很好地参与聊天。因此，了解并掌握麻将的常用术语和牌谱口诀是很有必要的。

1.2.1　麻将常用术语

麻将术语比较多，下面主要介绍常用的一些术语。

◆ 庄家

坐在东位上的玩家，叫庄家。

◆ 上家

坐在自己左手边的玩家，叫上家。

◆ 对家

坐在自己对面的玩家，叫对家。

◆ 下家

坐在自己右手边的玩家，叫下家。

◆ 圈

如果采用轮庄玩法，那么四位玩家各坐一次庄叫一圈。如果不是轮庄玩法，那么四局即为一圈。

◆ 墩

两张麻将牌重叠放一起为一墩。

◆ 掷骰子

掷骰子指摇动骰子，然后抛掷两个骰子使其落在牌桌上。

◆ 洗牌

洗牌指把麻将牌倒扣在牌桌上，让有字的一面朝下，玩家用双手搓动麻将牌使其改变顺序。

◆ 码牌

码牌指把打乱的麻将牌按上、下两层码起来。

◆ 牌墙

牌墙指把码好的牌围成一个方形，就像城墙一样。

◆ 理牌

理牌指将手中的麻将牌先按筒子牌、条子牌、万字牌等花色归类，然后再按数字一到九的大小顺序整理排序。

◆ 跳牌

在开局拿牌阶段，玩家分别拿牌三次后的第四次拿牌就叫跳牌。庄家跳 2 张牌，其余玩家跳 1 张牌。

◆ 摸牌

摸牌指从牌墙上拿牌，在有的地区也叫抓牌。

◆ 对子

对子指 2 张相同的麻将牌。

◆ 顺子

顺子指同一个花色、三个数字连续的牌，例如一筒、二筒、三筒，五条、六条、七条，六万、七万、八万等。

◆ 刻子

刻子指同一个花色的三张相同的牌，例如 3 张三筒，3 张五条等。刻子有两种，碰牌组成的刻子是明刻，手牌里的刻子是暗刻。

◆ 舍牌

舍牌指把手牌里不需要的牌舍出去。

◆ 加杠

加杠指在碰牌后摸到一张与所碰的牌一样的牌后杠牌。

◆ 点杠

点杠指自己舍出的牌被其他玩家杠牌。

◆ 暗杠

暗杠指自己摸到四张一样的牌后杠牌。

◆ 杠上花

在手牌已经听牌的情况下，用其他玩家舍出的一张牌或自己摸到的一张牌来开杠，并且杠牌后摸的牌是可以胡的牌，这种情况就叫杠上花。

◆ 杠上炮

用其他玩家舍出的一张牌或自己摸到的一张牌来开杠，杠牌后舍出的牌点炮其他玩家，这个情况就叫杠上炮。

◆ 抢杠

其他玩家在加杠时，加杠的那张牌正好是自己能胡的牌，这时就可以选择该玩家的杠牌来胡牌，这个情况就叫抢杠。

◆ 手牌

手牌指放在自己面前的麻将牌，一般为 13 张，包括未亮明的立牌和已经亮明的吃牌、碰牌、杠牌等麻将牌。

◆ 立牌

立牌指玩家面前立起的、未向其余玩家亮明的手牌。

◆ 将牌

将牌是麻将胡牌时必须具备的牌。听牌时，不管听哪种牌型的牌都必须有一组对子，而这组对子就是将牌。

◆ 听牌

听牌指手牌只差一张牌就能胡牌的牌型状态，也叫下叫。

◆ 胡牌

打麻将时按照既定的规则，将手中的牌组合成相应的牌型并使其符合胡牌的条件，即叫作胡牌。

◆ 点炮

点炮也叫放炮，指自己舍出的牌正好是其他玩家要胡的那张牌。

◆ 自摸

自摸指通过自己摸牌摸到了能够让手牌符合胡牌条件的那张牌。

◆ 搭子

搭子是指用 2 张牌组成的相连或间隔一个点数的数牌组合，例如数牌二、三和四、六等。

◆ 单钓

　　单钓是指手牌四组顺子或刻子以及一张单牌，通过自己摸牌或其他玩家舍出牌让这张单牌成对进而胡牌。

◆ 幺牌

　　幺牌是指筒子牌、条子牌、万字牌中的数牌一、九和风牌、三元牌。

◆ 绝张

　　相同的 4 张牌在牌局中已经出现了 3 张，最后一张未出现的牌叫绝张。例如，五万在被碰牌或被舍出 3 张后，余下的那张五万就被叫作绝张。

◆ 生张

　　生张指在行牌过程中还没有出现的麻将牌。

◆ 熟张

　　熟张指在行牌过程中已经出现的麻将牌。

◆ 跟张

　　跟张指跟着其他玩家舍出的相同的牌。

◆ 边张

　　在筒子牌、条子牌、万字牌中，数牌一与二和数牌八与九等两组搭子要组成顺子，只能摸或吃数牌三或七，数牌三与七就叫作边张。

◆ 多张

　　多张指要组成顺子的牌里有多余的一张相同牌。例如，一筒、二筒、三筒、三筒，其中三筒就是多张。

◆ 碰张

　　碰张指可以让其他玩家碰牌的麻将牌。

◆ 查叫

　　在打完一局麻将后，查看玩家的手牌是否已经听牌，被查出手牌未听牌的玩家要向已经听牌的玩家支付筹码。

◆ 相公

　　在行牌过程中手牌出现多牌或少牌情况，就被称作相公。出现相公的玩家不能胡牌，待牌局结束后需要向胡牌和听牌的玩家支付筹码。

◆ 黄牌

　　黄牌是指把牌墙上的牌摸完，仍然没有玩家胡牌的一种情况。

1.2.2　麻将常用牌谱口诀

　　麻将爱好者在丰富的实战经验中总结出了许多麻将牌谱口诀，这些口诀对初学麻将的玩家是很有帮助的。下面介绍一些常用的牌谱口诀。

◆ 头不吃

　　玩家舍出的第一张牌不吃。通常开局拿牌比较差，要尽可能地利用摸牌机会，通过摸牌换张，调整手牌牌型。而且，后面可能还会出现与第一张牌相同的牌，所以不用着急吃牌。

◆ 控边张

　　数牌三和七是麻将组牌中重要的牌，很容易组成搭子，应晚点舍出。

◆ 痴必败

　　一心着想做高番数的牌型，不肯根据手牌牌型改做低番数的牌型，大多数时候都是以失败收尾。

◆ 不可妄碰

　　行牌时不能随意碰牌，每碰一次牌就可能缩小麻将组合的可选范围。如果把将牌也碰了，就给听牌增加了难度。

◆ 勿贪吃张

　　上家舍出的牌不可随意吃。吃牌虽然可以加快组牌速度，但是不利于做成多面听的牌型。

◆ 慢吃快碰

　　吃牌要慎重考虑，结合手牌慢吃。如果想碰牌就尽早碰，碰牌后既能改变摸牌的顺序以优化牌型，又能创造加杠的机会。

◆ **对碰对摸**

自己摸的牌不是自己需要的牌，而对家摸的牌正好是自己需要的牌。这个时候如果对家舍出的牌可以碰，即使手牌不应该碰牌，我们也要选择碰牌，以达到调换摸牌顺序的目的。碰牌后，就能摸对家的牌，而本该自己摸的牌就变成对家去摸。

◆ **留生宁拆搭**

玩家在没有进入听牌阶段时，舍生张需要谨慎，因为舍生张容易点杠或点炮。这个时候要考虑听牌后手牌搭子的胡牌概率有多大，如果概率太小，宁愿拆搭子舍熟张，也不舍摸进的生张，尽可能避免点炮或者点杠。

◆ **对不如嵌**

听牌时，如果选择听与两组对子相同的牌，那么留在外面的牌有四张，每组对子两张，且非常容易被其他玩家抓在手里。如果选择听嵌张，那么留在外面的牌有四张，且都被其他玩家抓在手里的可能性不大。所以说对不如嵌。

◆ **幺九不宜随便碰**

虽然数牌一或九的碰牌机会大，但是一旦碰了数牌一或九，就无法做成门前清、断幺等多种常见胡牌牌型。所以，数牌一或九不宜随便碰，如果打算做成十三幺的牌型，就另当别论。

◆ **上碰下自摸**

听牌后，如果上家碰牌，按摸牌顺序会轮到自己摸牌，就有机会自摸胡牌。

◆ **舍熟不舍生**

舍牌时，首先考虑麻将牌池里已经出现过的熟张，这样不容易点炮。如果舍出的牌是麻将牌池里未出现过的生张，就有可能会点炮或点杠。

◆ **想自摸叫生张**

当我们不想靠其他玩家点炮胡牌，想自摸的时候，听牌优先考虑生张。因为生张的胡牌机会多，而且生张多的时候也容易自摸。

◆ **先舍幺，后舍缺，然后再做清一色**

如果手牌中的幺牌不多，那么就可以考虑先舍出幺牌，做成缺一门牌型，如果有机会，再争取做成清一色牌型。

◆牌从前面过，不如摸一个

当玩家起手牌牌型不好时，不要去吃牌或碰牌，尽量抓住机会摸牌，不断优化手牌中的搭子，以求尽快听牌。如果想要的牌在牌墙上不多了，就可以考虑吃牌或碰牌。

◆ 宁不胡，不点炮

在牌局进行到必要阶段的时候，宁可放弃胡牌，也不点炮。但通常在不得已的时候才会采取这种打法。

◆ 舍风不做牌，做牌不舍风

开局就舍风牌和三元牌的玩家，一般无意做高番数的牌型。如果玩家有做高番数牌型的想法，就要把风牌和三元牌暂时留在手上，看是否能组成对子或刻子。

1.3　麻将常见的胡牌牌型

麻将胡牌牌型，是对麻将胡牌时所组成牌型的统称。胡牌的牌型有很多，常见的有边张、嵌张、顺张、双碰听、清一色等。下面展示了部分麻将胡牌牌型。

1.3.1　边张

边张指满足胡牌条件的牌是数牌一、二组成的搭子右边的牌或数牌八、九组成的搭子左边的牌。例如，手牌为如下牌型，听牌搭子是一万、二万，只能胡三万，故而三万就叫作边张。

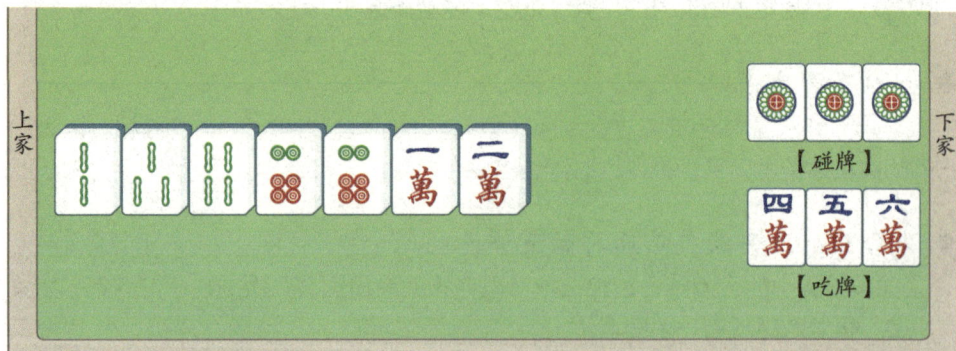

边张的听牌牌型展示

1.3.2　嵌张

　　嵌张指满足胡牌条件的牌是听牌搭子中间的牌。例如，手牌为如下牌型，听牌搭子是六万、八万，只需在搭子中间嵌一张七万就能胡牌，因此七万叫作嵌张。

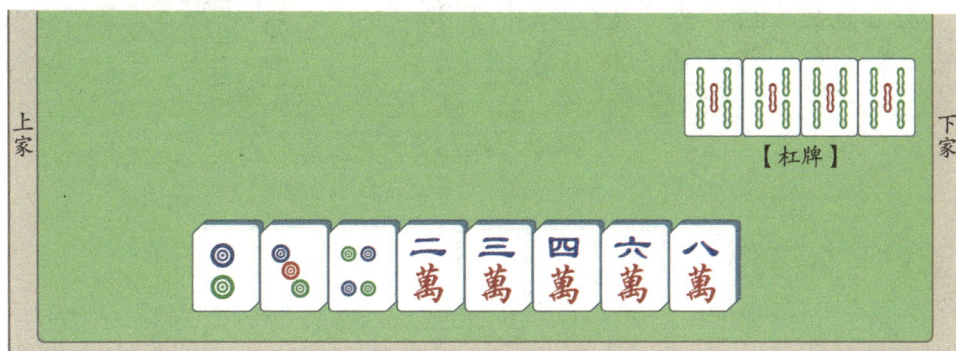

嵌张的听牌牌型展示

1.3.3　顺张

　　顺张指满足胡牌条件的牌是搭子两边的牌。例如，手牌为如下牌型，手牌听牌落在四条、五条组成的搭子上，只差一张三条或一张六条就能胡牌，故而三条和六条就叫作顺张。

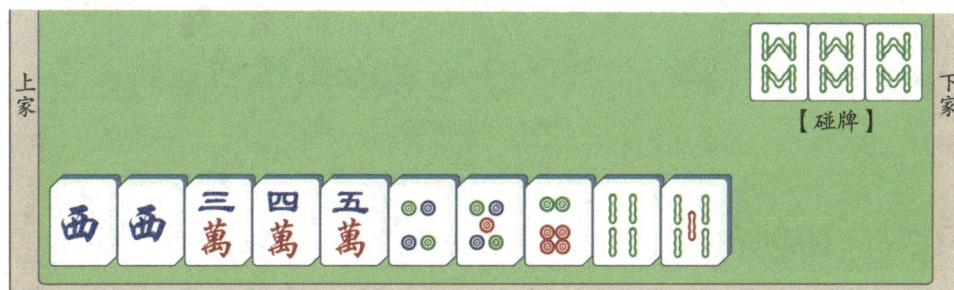

顺张的听牌牌型展示

1.3.4　单钓

　　单钓，指在四组顺子或刻子以及一张单牌组成的牌型下，只能依靠听单张牌来作为将牌进而胡牌。例如，手牌为如下牌型，已经组好 3 组牌，剩一张单牌二筒，此时手牌就单钓二筒。

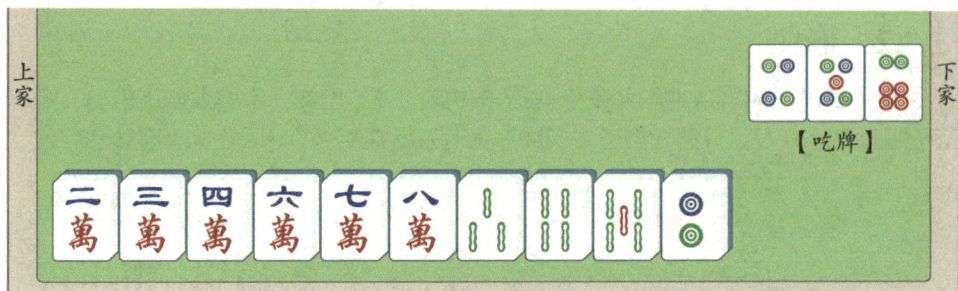

单钓的听牌牌型展示

1.3.5　金钩钓

金钩钓是一种特殊的单钓牌型，也叫大单钓，是指进行吃牌、碰牌、杠牌等操作后手中只留一张立牌的单钓胡牌牌型。例如，手牌为如下牌型，经过碰牌和吃牌后，手中立牌剩一张五条，只能单钓五条做将牌成胡，即金钩钓五条。

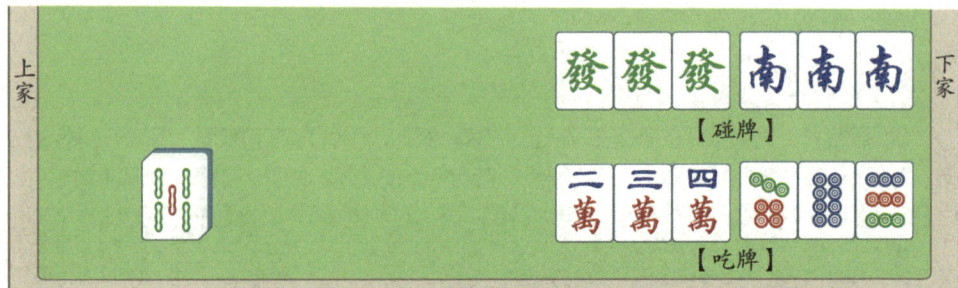

金钩钓的听牌牌型展示

1.3.6　双碰听

双碰听，是指麻将在听牌后所听的牌能与手牌中两组对子中任意一组对子组成刻子。例如，手牌为如下牌型，由一组吃牌、两组顺子和对子么鸡、对子南风组成，只需一张么鸡或一张南风即可胡牌。

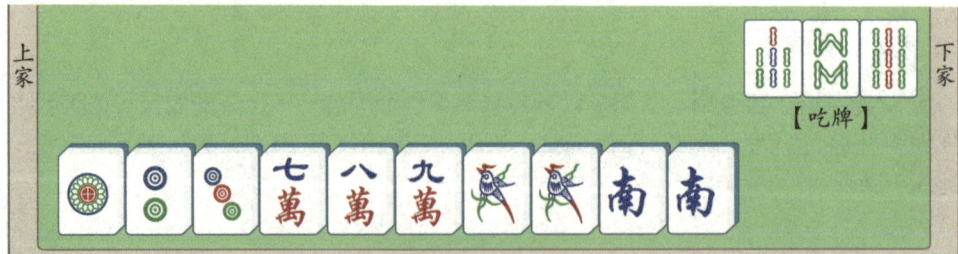

双碰听的听牌牌型展示

1.3.7　碰碰胡

碰碰胡由四组刻子（或杠牌）和一组将牌组成，其中刻子可以是明刻，也可以是暗刻。例如，手牌为如下牌型，对子是七筒和六万，只要出现一张七筒或一张六万即可胡牌。

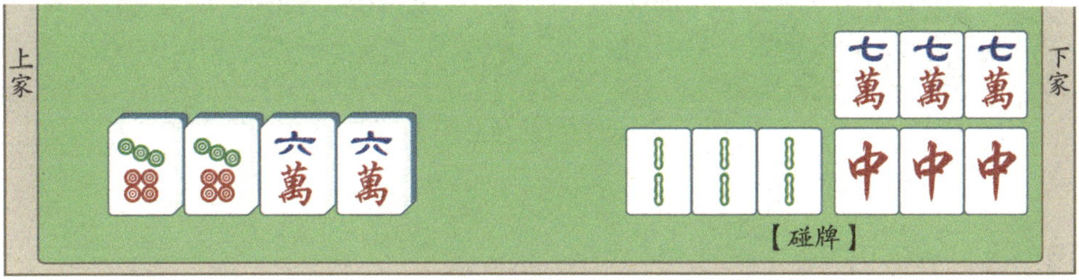

碰碰胡的听牌牌型展示

1.3.8　七对

七对也叫小七对，由七组对子组成，是一种比较常见的胡牌牌型。除了小七对这种常规牌型，还有龙七对这种特殊牌型，即胡牌后的牌型里有两组对子是用四张相同牌组成的。

当手牌为如下牌型，有六组不相关的对子和一张五筒，只要出现一张五筒就组成七组对子，即可胡牌。

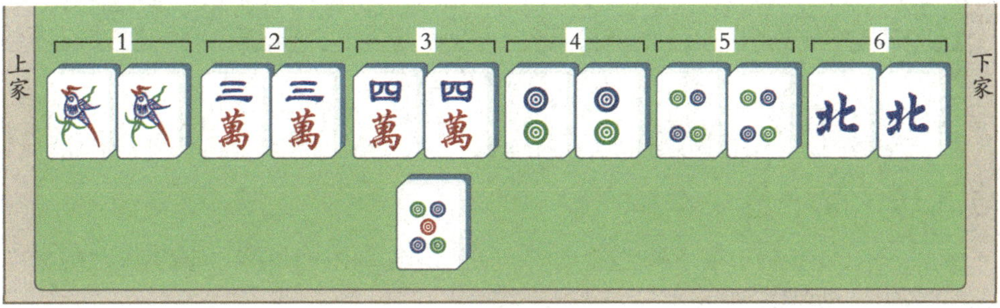

七对的听牌牌型展示

当手牌为如下牌型，手中有幺鸡、三万、六万、北风、二筒、四筒六组对子，同时单牌正好是四筒，只要出现一张四筒，胡牌后的牌型就是龙七对牌型。

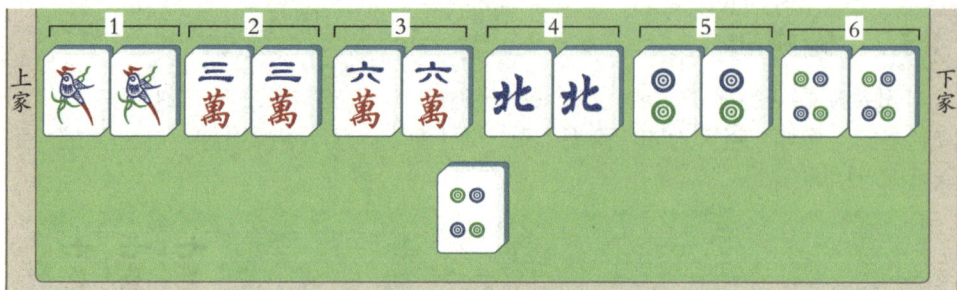

龙七对的听牌牌型展示

1.3.9　清一色

清一色，是指手牌只由筒子牌、条子牌或万字牌组成的胡牌牌型。例如，手牌为如下牌型，手上的立牌以及碰的两组牌都是条子牌，为条子牌的清一色，可胡四条或七条。

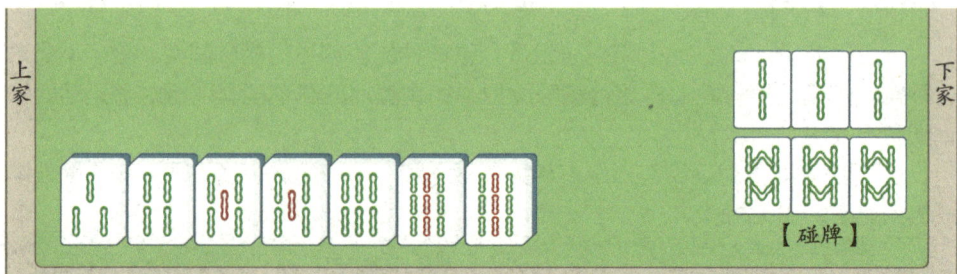

清一色的听牌牌型展示

1.3.10　混一色

混一色是相对于清一色牌型来说的，指的是手牌由一种花色的数牌加风牌或三元牌组成的一种胡牌牌型。

例如，手牌为如下牌型，为条子牌与风牌组合而成的混一色，可胡幺鸡或四条。

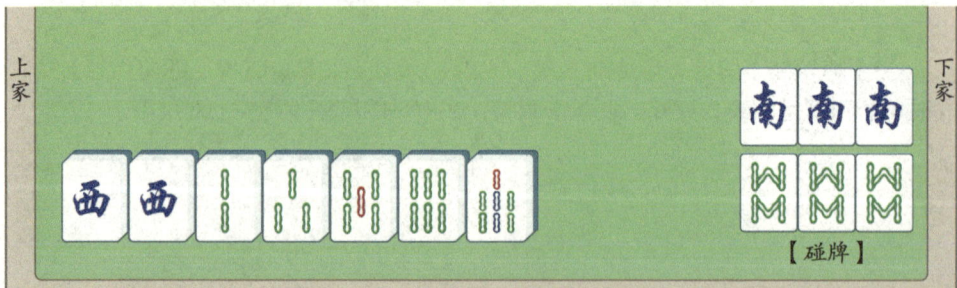

混一色的听牌牌型展示

1.3.11　大三元

大三元，指胡牌时手牌同时带有红中、发财、白板这三种牌的刻子或杠牌，以及用其他牌组成的将牌、顺子或杠牌。

例如，手牌为如下牌型，分别有刻子红中、发财和白板，其余五张牌分别是做将牌的一对四筒以及六条、七条、八条组成的一组顺子。

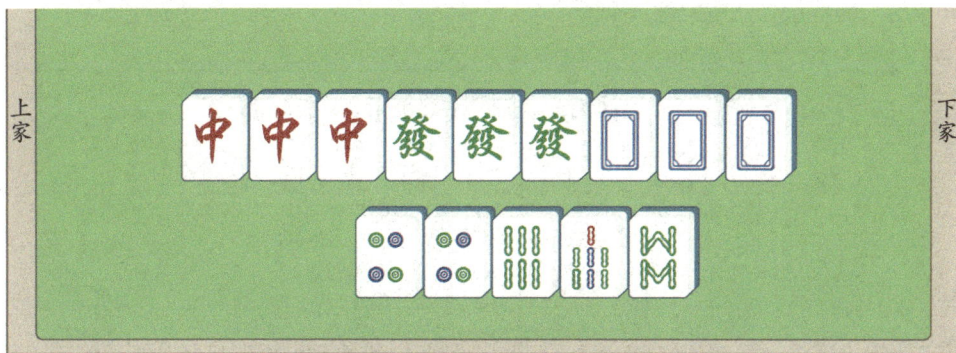

大三元的胡牌牌型展示

1.3.12　小三元

小三元，是在大三元牌型基础上稍加变化得来的。变化之处在于手牌里的三组三元牌刻子或杠牌，减少为其中任意两组，另一种三元牌作将牌，再配上用其他牌组成的两组顺子、刻子或杠牌。

例如，手牌为如下牌型，有刻子红中和发财，将牌白板，以及顺子六条、七条、八条和刻子八筒。

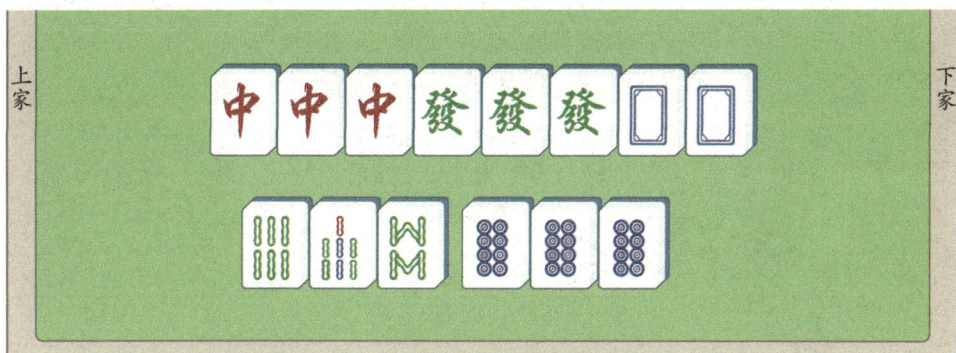

小三元的胡牌牌型展示

1.3.13　门前清

门前清是指玩家不进行吃牌、碰牌、杠牌，全凭摸牌换张来组合手牌，听牌后只能胡其他玩家的点炮的一种胡牌牌型。如果是自摸成胡，就变成了另一种胡牌牌型，即"不求人"。

例如，手牌为如下牌型，没有进行吃牌、碰牌、杠牌，而是通过自己摸牌换张使手牌听牌并胡其他玩家的点炮。

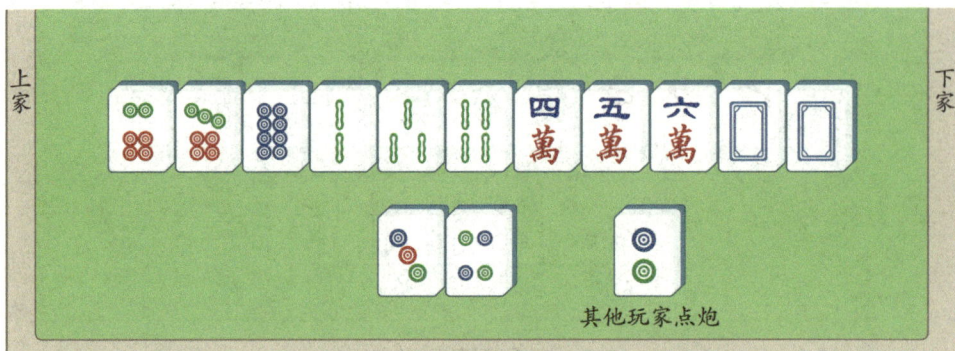

门前清的胡牌牌型展示

1.3.14　天胡

天胡，是指庄家用开局拿的 14 张牌就胡牌的一种胡牌牌型。天胡出现的概率很小，只有庄家才有可能出现天胡的情况。

例如，庄家开局拿牌为如下牌型，手牌里已经组成四组牌，还有一对将牌，符合麻将胡牌条件。

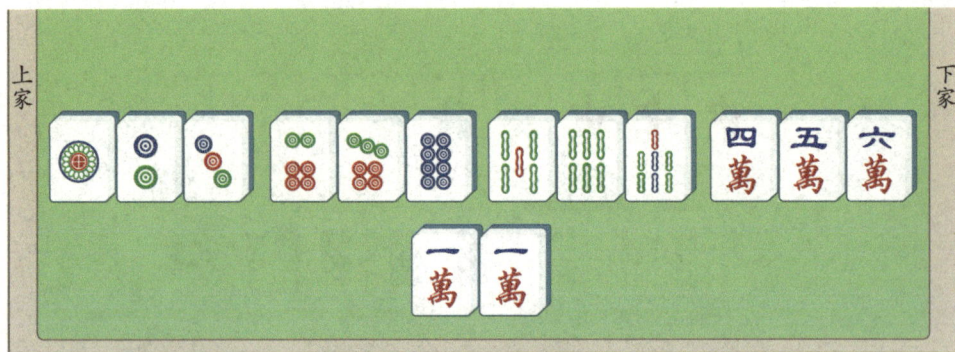

天胡的胡牌牌型展示

1.3.15　地胡

地胡，是指除庄家以外的其他玩家开局拿 13 张牌就已听牌，并在第一巡摸牌时就自摸成胡的一种胡牌牌型。如果听牌玩家以外的其他玩家吃牌、碰牌或杠牌，经过这些操作后，该听牌的玩家再自摸胡牌，就不能算地胡。

例如，开局拿牌为如下牌型，手牌中分别已经组好三组牌、一对将牌和一组用六万、八万组成的搭子，符合听牌牌型，听嵌张七万。在庄家舍牌后，没有玩家吃牌、碰牌、杠牌，自己摸到嵌张七万胡牌，这种情况叫作地胡。

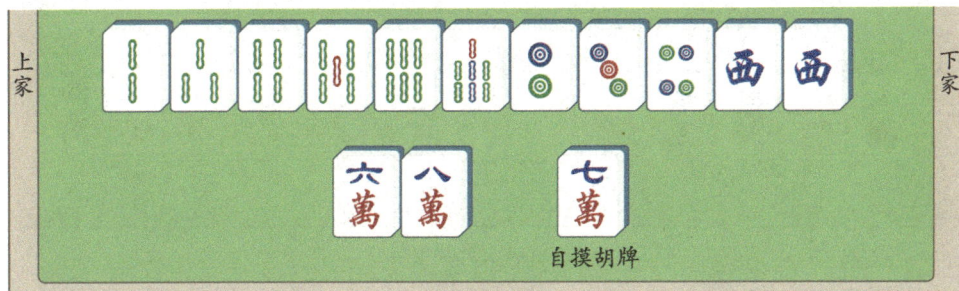

地胡的胡牌牌型展示

1.3.16　人胡

人胡，是指除庄家以外的其他玩家开局拿 13 张牌就已听牌，并且在自己第一巡拿牌之前就由其他玩家点炮胡牌的一种胡牌牌型。

例如，开局拿牌为如下牌型，手牌中分别已经组好三组牌、一对将牌和一组用四筒、五筒组成的搭子，符合听牌牌型，听三筒或六筒。此时，在自己摸第一张牌之前有玩家舍出一张三筒，胡牌后就叫作人胡。

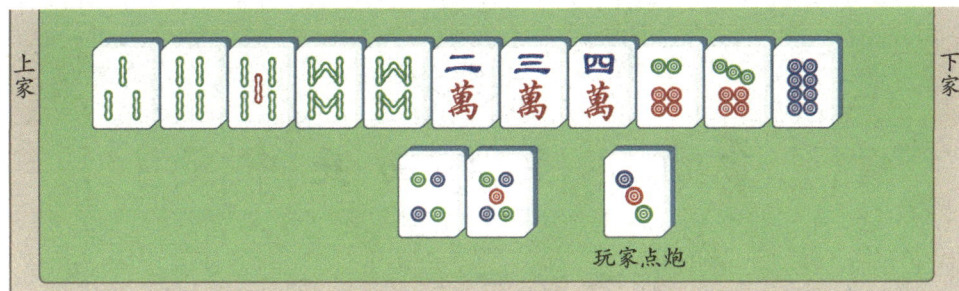

人胡的胡牌牌型展示

天胡只能发生在庄家身上。

地胡是指庄家以外的玩家在第一巡拿牌时就自摸胡牌。

人胡是指庄家以外的玩家在第一巡拿牌之前就由其他玩家点炮胡牌。

1.3.17　断幺

人们把筒子牌、条子牌、万字牌中的数牌一、九和风牌、三元牌统称为幺牌。因此，断幺是指胡牌后手牌里没有数牌一和九、风牌以及三元牌的一种胡牌牌型。

例如，手牌为如下牌型，吃牌、碰牌和手中的立牌里都没有幺牌，胡七万或三条。

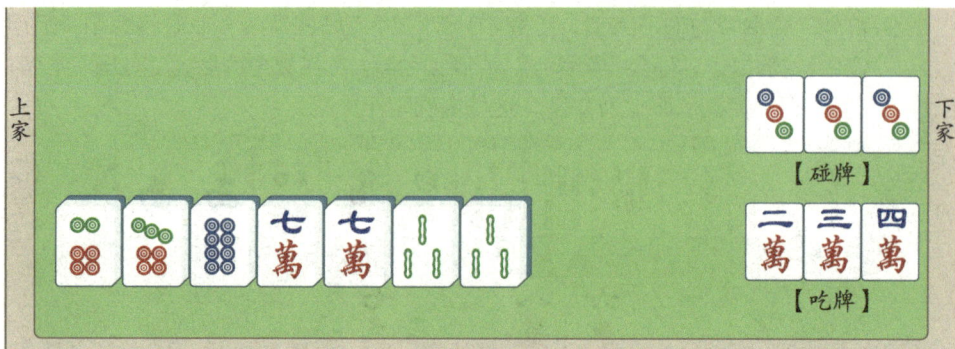

断幺的听牌牌型展示

1.3.18　十三幺

与断幺胡牌牌型相反，十三幺牌型要求和牌后手牌里只有幺牌，即整个手牌是由数牌一和九、风牌以及三元牌组成。因为幺牌共有十三种，所以十三幺的牌型特点就是每一种幺牌各选1张，组成十三张。

基于十三幺牌型的特殊性，因此可以胡手牌里的任意一张幺牌，使所胡的牌和手牌里的相同牌组成对子作为将牌。

例如，手牌为如下牌型，胡的是九筒，与手牌里的九筒组成一对将牌。

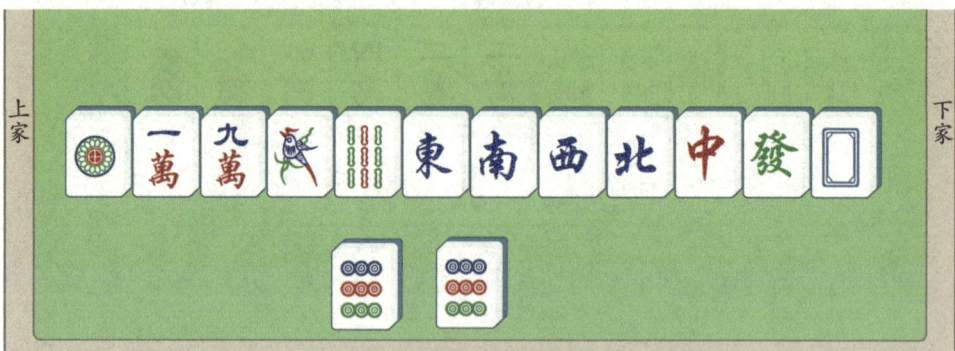

十三幺的胡牌牌型展示

第 **2** 章

麻将的行牌步骤

2.1　定位

麻将是一种棋牌博弈游戏。麻将桌有 4 个方位，玩家也有 4 人，玩牌过程中玩家各坐一方。

在牌局开始前，要确定 4 位玩家的座次。一般来说，方位不会影响胡牌概率。

常见的定位方法有以下两种。

2.1.1　摸风定位

摸风定位方法适合在麻将牌里包含风牌的情况下使用。结合麻将机操作盘上的显示情况，摸风定位有两种操作方法。

◆ **方法一**

以麻将机操作盘上标注的东、南、西、北为方位依据，抽出风牌东、南、西、北各一张并将其正面朝下摆放，打乱顺序后玩家依次抽取风牌，玩家抽到哪张风牌就坐在该风牌对应的方位。

标有方位的麻将机操作盘

◆ **方法二**

如果麻将机的操作盘上没有标注出东、南、西、北方位，可以先规定哪一方作为东位，同时以逆时针方向确定南、西、北三方位置，然后再让玩家抽取风牌确定各自的座位。

2.1.2　掷骰定位

一副麻将一般配有两个骰子，掷骰定位就是根据掷出的两个骰子点数之和来定位。通过掷出的骰子点数之和不仅可以确定方位，还可以确定玩家的具体座位。

◆ 定方位

如果麻将机操作盘上标注有方位，掷的骰子点数之和为 5、9 的玩家坐东位，点数之和为 2、6、10 的玩家坐南位，点数之和为 3、7、11 的玩家坐西位，点数之和为 4、8、12 的玩家坐北位。如果点数之和相同，则后掷者需要重新掷一次。

骰子

◆ 定座位

如果麻将机操作盘上没有标注方位，需要先掷一轮骰子确定方位，点数之和最大的玩家所在一方即为东位，然后按逆时针方向确定出南、西、北三方位置。

接着掷第二轮骰子确定玩家各自的座位，点数之和最大的玩家坐东位，其余玩家按点数之和从大到小分别入座南、西、北位。

有些地区会在打完一圈麻将后由胡牌玩家再次定位。

有些地区认为"一圈一定位"十分麻烦，所以通常在开局定位后就不会再次定位了。

2.2　定庄

确定玩家方位后，坐在东位的玩家自动成为庄家。一局结束后由南位上的玩家做下一局的庄家，依次类推。在一圈里，玩家各有一次做庄机会，这种定庄方式就叫作轮庄。

有些地区不采用轮庄玩法，比如在四川地区的麻将玩法里，第一个胡牌的玩家自动成为下一局的庄家。如果同时点炮给两位玩家，那么点炮的玩家就是下一局的庄家。

2.3　洗牌与砌牌

如果使用的是麻将机就只需要把麻将牌丢入麻将机内。如果不是，就需要手动洗牌和砌牌。

手动洗牌时，先将牌桌上的麻将牌全部扣在桌面上，然后用手把麻将牌打乱。砌牌则是把打乱的麻将牌两两重叠堆砌成一墩，砌成牌墙。

洗牌

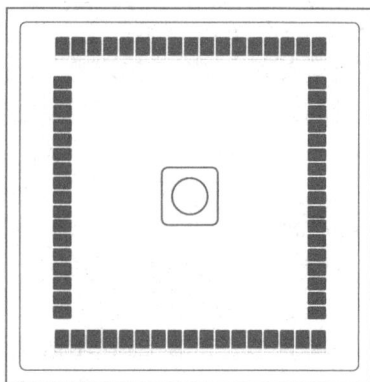

砌牌

2.4　拿牌

拿牌前先掷骰子，根据两个骰子掷出的点数来确定拿牌的方位和具体位置。开局拿牌阶段需要注意两个问题：一是拿牌顺序，二是拿牌数量。

2.4.1　拿牌顺序

根据前面用骰子定方位的方法，庄家掷骰子后先以两个骰子点数之和按逆时针方向确定拿牌方位，再以最小骰子点数确定拿牌的具体位置。例如，掷出的骰子点数之和是 11 点，定位在西位，最小点数为 5，所以在西位牌墙上按顺时针方向留出 5 墩。

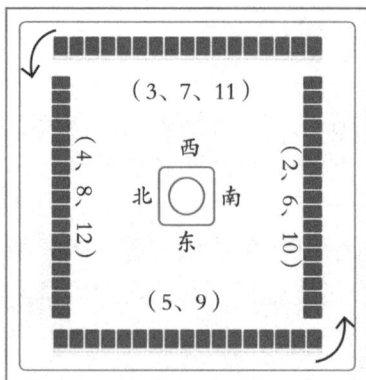

拿牌方位示意

图为两个骰子
掷出的点数

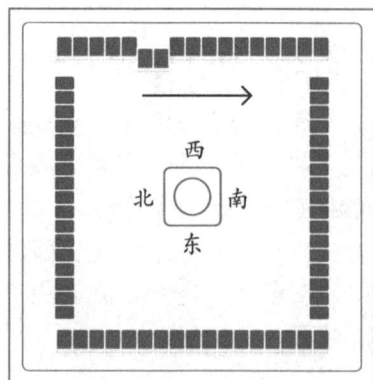

拿牌位置

2.4.2　拿牌数量

确定拿牌方位及位置后开始拿牌，开局共拿牌四次。前三次拿牌，每次拿两墩，三次共拿 12 张，第四次拿牌叫跳牌，庄家跳牌要隔一摆拿上层 2 张，其余玩家依次拿 1 张。因此，庄家拿牌 14 张，其余玩家拿牌 13 张。

庄家 14 张

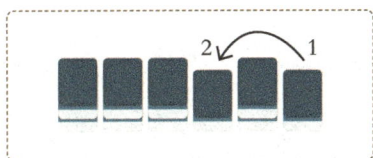

庄家跳牌示意

其余玩家各 13 张

确定拿牌方位采用逆时针，确定具体的拿牌位置采用顺时针，玩家需要多多注意方向。

2.5　理牌

理牌就是把手里的麻将牌按花色和数字顺序整理好。

理牌前效果

理牌后效果

2.6　摸牌与舍牌

　　整理好麻将牌之后，就进入摸牌与舍牌阶段。庄家直接舍牌，其余玩家先摸牌然后再舍牌。

　　摸牌与舍牌是一组连续动作，摸进一张牌后就要舍出一张不需要的牌。上家舍出牌后下家才能摸牌，上家未舍出牌之前不能动手摸牌。例如，理好牌后摸进一张七条，随后舍出一张九筒，这时手牌的牌型发生了变化。

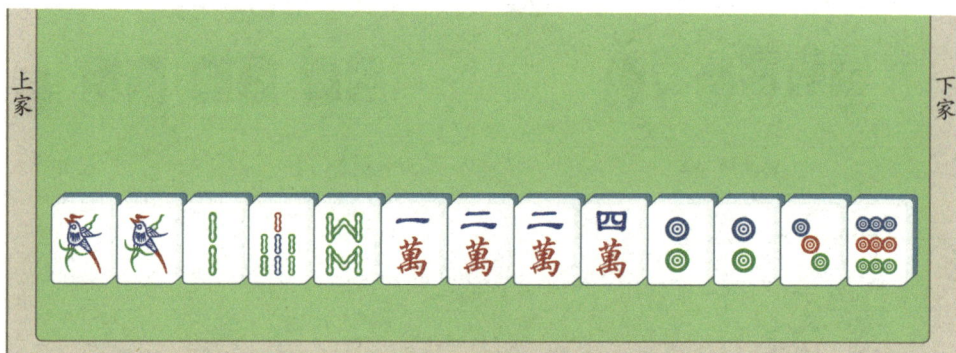

摸牌前的手牌牌型

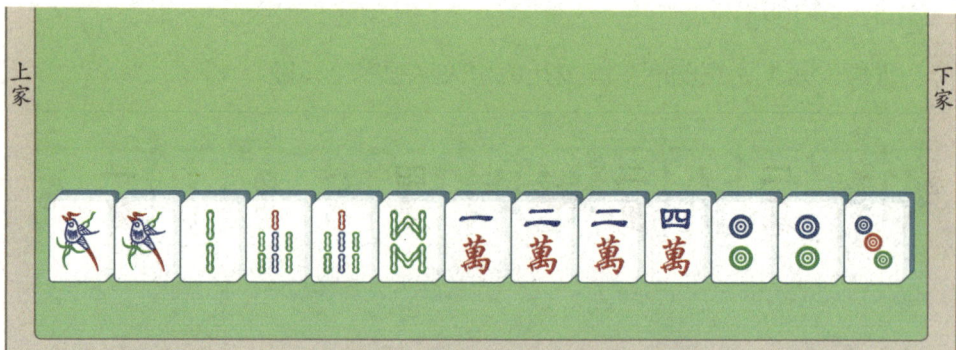

摸进的麻将牌　　　　舍出的麻将牌

摸牌并舍牌后的手牌牌型

2.7　牌型组合

　　玩麻将的最终目标是胡牌，可以结合吃牌、碰牌、杠牌等方式达到目的。需注意，吃牌只能吃上家出的牌，碰牌和杠牌可以碰和杠任何一玩家舍出的牌。

2.7.1　吃牌

　　当上家舍出的牌能与自己手里的两张牌组成一组顺子，便可吃牌。例如，手牌为如下牌型，其中的一万、二万就可以吃上家舍出的三万。吃牌后需要舍出一张牌，以保证手中牌的总数不变。

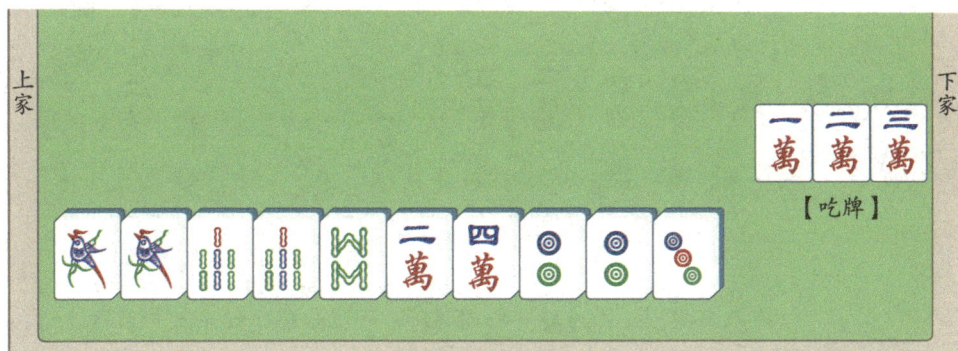

吃牌并舍牌后的手牌牌型

2.7.2　碰牌

　　当其他玩家舍出的牌与自己手牌里的对子一样时就可以碰牌。碰牌时先把碰牌倒放在牌桌上，然后再舍出一张牌。例如，将手牌中的七条碰牌后舍出一张八条，碰牌并出牌后手牌就变成如下牌型。

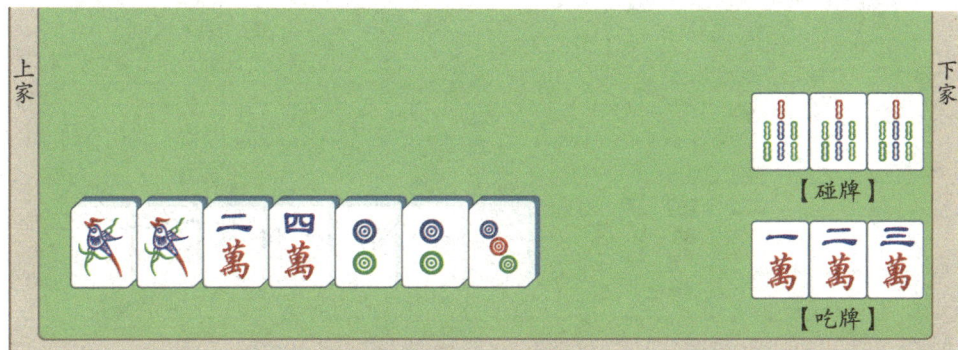

碰牌并舍牌后的手牌牌型

2.7.3　杠牌

当其他玩家出一张牌，或自己摸的牌正好与手牌里的刻子一样时，就可以杠牌。杠牌有加杠、点杠、暗杠等方式。

◆ 加杠

摸到一张与所碰的牌相同的牌后去杠牌，这种方式就叫加杠。例如，摸牌数轮后手牌变成如下牌型，同时摸牌得到一张七条，这时就可以加杠七条。

加杠后的手牌牌型

当摸到一张与碰牌相同的牌，而这张牌正好能与手里的牌进行组合，让手牌符合听牌牌型时，可以选择不加杠。如果将这张牌用来加杠，手牌可能无法听牌，改为听其他牌则需要耗费更多的时间。要避免不合时宜的加杠延缓听牌速度。

◆ 点杠

当任一玩家舍出的牌与自己手牌中的刻子一样时就可以杠牌，这种方式叫作点杠。例如，手牌里有一组刻子么鸡，只要玩家舍出么鸡就可以点杠。

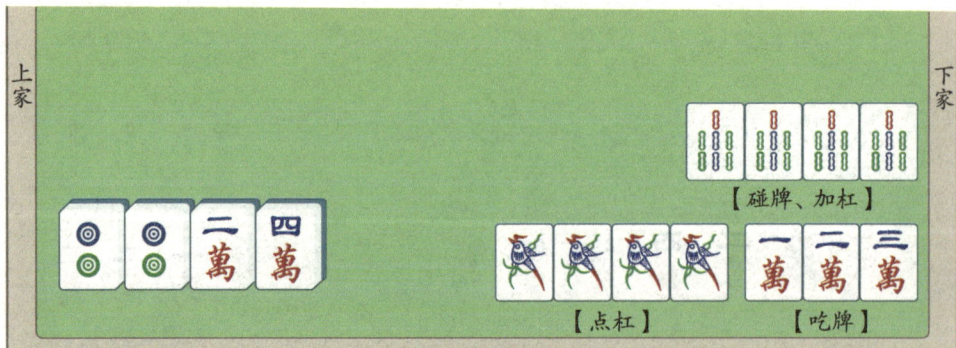

杠牌后的手牌牌型

◆ 暗杠

暗杠，指的是自己摸到 4 张相同牌然后杠牌的方式。在这里继续使用点杠前的手牌牌型来演示暗杠。例如摸到一张幺鸡，暗杠并把牌倒扣在牌桌上。

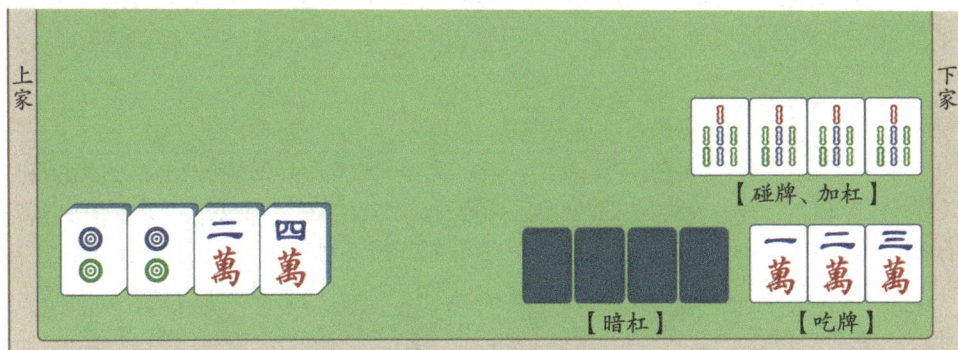

杠牌后的手牌牌型

初学麻将的玩家在杠牌时经常忘记摸牌就直接舍牌，导致少牌出现相公的情况，所以杠牌后一定要记得摸牌。

2.8　听牌

经过吃牌、碰牌、杠牌，当手牌的牌型呈现出只差所需要的牌就能胡牌的状态时，即为听牌。例如，手牌经过杠牌后变成如下牌型，为一对二筒带搭子二万、四万，再加上已经吃、碰、杠的三组牌型，只差一张三万就能胡牌，满足听牌要求。

已听牌的手牌牌型

2.9 胡牌

听牌后就到了胡牌阶段，在此阶段玩家会遇到查叫、相公、黄牌等几种情况。胡牌后要把手牌倒放在桌面上亮给其他玩家看，查看是否已经听牌、是否是相公。

2.9.1 查叫

查叫就是在四川地区的麻将玩法中，摸完最后一张牌后手牌的牌型不满足麻将听牌条件，没有进入听牌阶段的玩家需要给已听牌的玩家支付筹码。例如，在下面给出的手牌牌型里，条子牌分别有搭子和单牌，筒子牌的顺子里还有多张，因此不符合听牌条件。

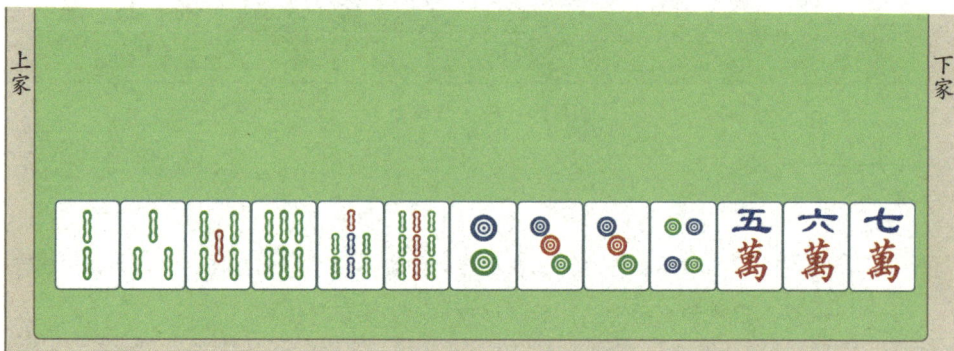

手牌未听牌的牌型

2.9.2 相公

相公是指手牌数量比应有的 13 张少了或者多了，不能满足胡牌要求。例如，手牌为如下牌型且只有 12 张，比实际牌数少一张，就成了相公。

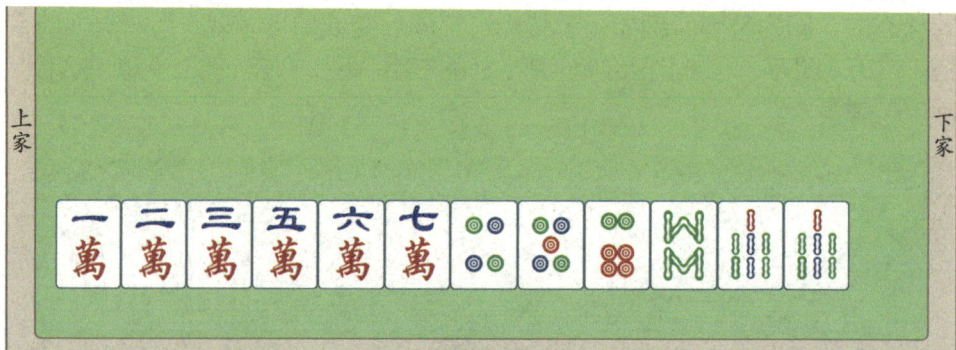

成为相公的牌型

2.9.3 黄牌

当玩家把牌墙上的麻将牌全部拿完，此时没有任何一方玩家胡牌，这种情况就叫作黄牌。

第 3 章

麻将基本玩法详解

3.1　麻将舍牌玩法详解

　　舍牌，是指把手牌里的一些不必要的牌舍出去。对于麻将初学者来说，该舍什么牌需要特别注意，舍出的牌不是随意抽取，而是要根据牌局进行至的具体阶段和手牌的牌型需求来定。那么，在不同阶段应该如何舍牌呢？

3.1.1　前期舍牌

　　在刚拿好手牌的牌局前期，舍牌的总体原则是"先舍幺，后舍单"。

　　例如，开局拿牌为如下牌型，手牌由万字牌二万、三万、四万、六万，条子牌对子二条和五条、单牌八条，筒子牌三筒、四筒、七筒，以及红中组成。其中，红中是幺牌，应先把红中舍出去。

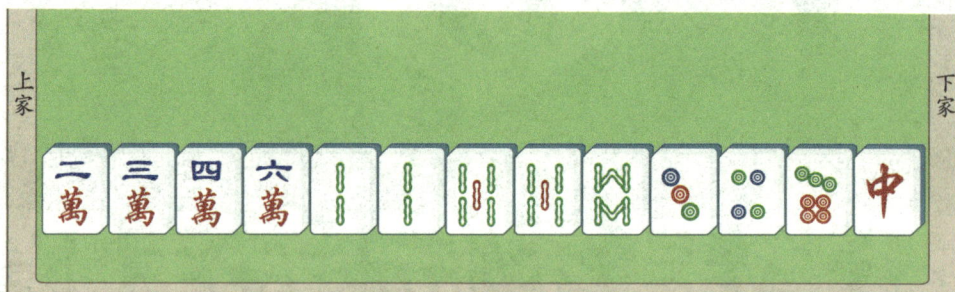

前期舍牌－手牌（1）

　　把手牌里的幺牌全部舍出去之后，随后就要考虑舍掉左右都不靠的单张牌。

　　手牌的单牌有六万和八条，其中六万与四万能组成嵌张搭子，可以摸入五万组成顺子，也可以吃牌。而八条在条子牌里没有能与之组成搭子的牌，相比之下，六万比八条留在手牌中的作用更大，因此八条是不必要的牌，先舍出。

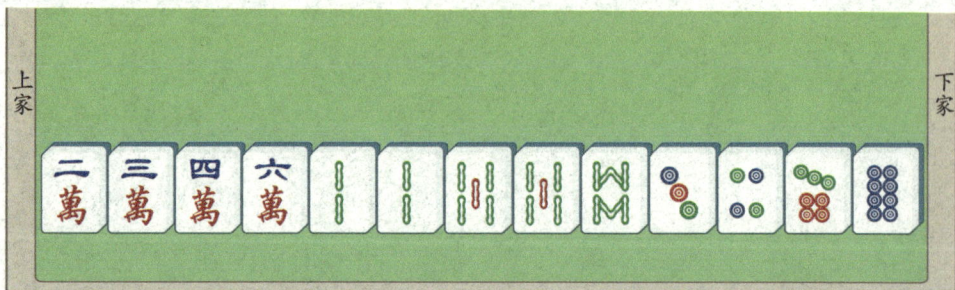

前期舍牌－手牌（2）

当手牌里的幺牌是对子、刻子或与其他数牌已经组成顺子时，暂时不舍幺牌，考虑舍出单张牌，即转变"先舍幺，后舍单"的舍牌思维，改成"先舍单"。

例如，开局拿牌为如下牌型，手牌有二万、三万、四万和一条、二条、三条两组顺子，对子五条，单牌八条，以及三筒、四筒和七筒、八筒组成的两组搭子。

虽然手牌里的一条属于幺牌，但是一条和二条、三条组成了顺子，所以暂时不能舍出，应舍出左右都不靠的单牌八条。

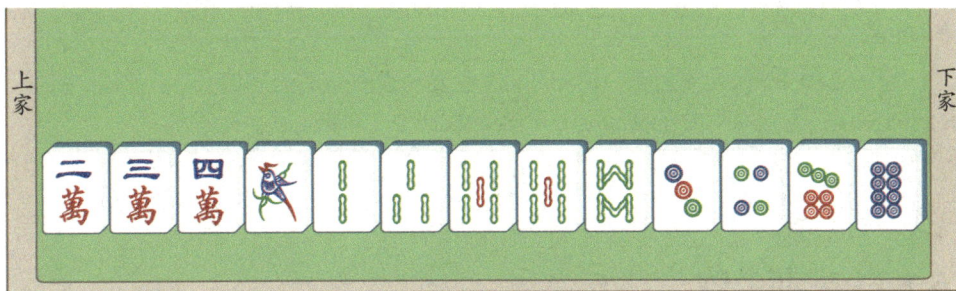

前期舍牌－手牌（3）

3.1.2　中期舍牌

前期舍牌的原则是"先舍幺，后舍单"，到牌局中期就要结合牌局形势来选择舍哪张牌。

在牌局中期，牌局形势紧张且多变，此时舍出去的牌会影响牌局的发展走向。舍错牌不仅可能会减缓自己的听牌速度，还有可能会给其他玩家带来吃牌、碰牌、杠牌的机会，从而使之进入听牌阶段，甚至是直接让已听牌的玩家胡牌。

牌局前期在多数情况下会舍出幺牌，至牌局中期就不能局限在幺牌或单牌上，需要根据手牌和已出现的牌来选择舍出的牌。当玩家还未进入听牌阶段的时候，要做到眼观六路、耳听八方，随时关注另外三位玩家的舍牌情况。

◆ 上家

关注上家舍出了哪些牌。又分别吃、碰或者杠了哪些牌。通过观察上家的舍牌、吃牌和碰牌等情况，分析其需要和不需要的牌，从而预判应该保留哪些花色的牌才有吃牌、碰牌、杠牌的机会，才有尽快听牌的可能。

比如，上家一直在舍出万字牌，同时自己手牌有万字牌，那么就可以把万字牌留下来，改舍其他花色的牌。

◆ 下家

与我们观察上家舍牌的想法一样，下家也想通过观察我们的舍牌以及已经吃、碰、杠的牌来判断我们的手牌情况。

若玩家舍出的正是下家想吃或碰的牌，对方就会抓住机会，迅速听牌。因此在实战中，在保证自己手牌有优势的前提下，尽可能地舍出一些让下家无法吃或碰的牌。

◆ 对家

行牌过程中，在关注上家、下家的同时也要观察对家的舍牌情况，不要顾此失彼，要时时留意三方玩家需要的牌分别是哪些，做到心中有数。

3.1.3 末期舍牌

牌局末期是各玩家一决胜负的时候，这个阶段的舍牌要以稳为主。

通常在牌局即将结束的时候，有一个或两个玩家已经听牌，也有可能所有玩家都已听牌，这时要结合自己的手牌和整个牌局情况慎重舍牌。

对于新手玩家，在牌局末期可以考虑以下几种舍牌方法。

◆ 舍跟张

舍牌出跟张，就是看上家或对家出的是什么牌型，如果手牌中有相同的且为不必要的牌就可以跟着舍出。

需注意，跟着上家舍牌是比较安全的，跟着对家舍牌不是很安全，因为有些时候跟着对家舍牌有点炮的可能。

◆ 舍熟张留生张

牌局末期，大多数麻将牌都出现在麻将牌池里，而那些没有在牌池里出现过的生张牌，就有很大概率是其他玩家需要的牌。因此，留生张舍熟张，是相对安全的。

舍熟张留生张在初期舍牌中并不必要，随着牌局进入中期，特别是牌局末期，就十分重要了。

◆ 不舍危险牌

由于玩家听牌选择的多样性，末期舍出的每一张牌都可能是危险牌。注意，危险牌不一定都是点炮牌，而是这张牌能让其余玩家听牌，从而让自己陷于点炮的危险中。所以，预感到可能有危险的牌，能不舍就不舍。

> "舍熟张留生张"是舍牌时要遵循的重要原则。不过，在四川麻将中有杠牌下雨的玩法，此玩法中，前期就要先舍生张。牌局前期玩家手牌里有刻子的概率很小，早舍生张，可以降低点杠的概率。
>
> 在牌局末期需要遵循"舍熟张留生张"的原则，因为其余玩家很有可能已经摸成刻子，此时再舍生张，很可能点杠。

3.2　麻将吃牌玩法详解

吃牌，既是组合麻将牌型的一种常见方法，也是手牌进张的一种方式。注意，只能吃上家舍出的牌，并且碰牌与杠牌优先。

牌局之初，可以先摸几手牌，如果摸的都是需要的牌，就有机会自摸或组合成门前清、七对等牌型。如果连摸几张都是不需要的牌，就要抓住时机利用吃牌来组合手牌。吃牌后可以调换摸牌顺序，从而让玩家有机会摸到想要的牌。

下面三个不同阶段介绍吃牌玩法。

3.2.1　前期吃牌

从牌局开始到结束的过程中都可以吃牌，但在实战中玩家为了能让手牌保持有利牌型，组合成多种胡牌牌型，在牌局前期会选择不吃牌。

选择开局不吃牌，首先是因为可以通过摸牌换张来组合手牌，其次是因为吃牌会影响手牌的牌型以及暴露手牌信息。

例如，手牌为如下牌型，如果上家舍出五万，可吃，同样也会拆掉三万、四万与六万、七万这两组搭子并留出两张单牌。若不吃牌，手牌里搭子多且容易组成顺子，因此摸牌比吃牌更有利。

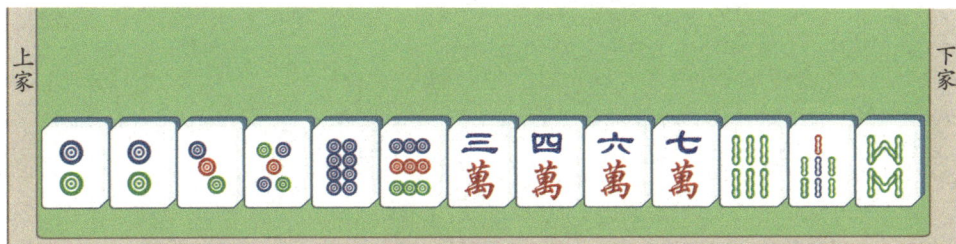

前期吃牌－手牌（1）

虽然在开局多采取不吃牌的原则，但不能过于保守，若出现对手牌有利的牌应吃牌。

例如，手牌为如下牌型，如果上家舍出三条，可吃。吃三条后舍出红中，这时的牌型只要碰二筒或四筒，舍出七万，手牌就进入听牌状态，听六筒、九筒。

前期吃牌－手牌（2）

当手牌中有边张或嵌张搭子时，基于边张和嵌张的局限性，依靠摸牌组成顺子的可能性较小，这时就可以考虑吃牌。

例如，手牌为如下牌型，手牌中有一万、三万、五万、七万 4 个间张组成的三组搭子，也有四条、五条组成的搭子。当上家舍出的牌正好可以吃时，对于当前有多组搭子的手牌来说，可以吃牌，以加快组牌的进度。

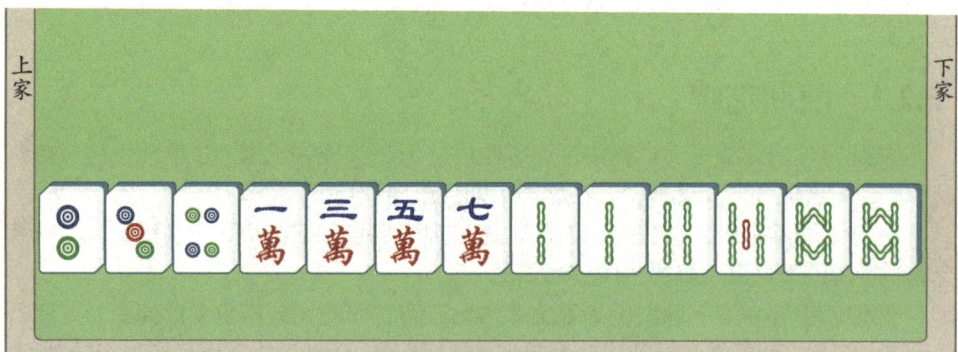

前期吃牌－手牌（3）

3.2.2　中期吃牌

牌局进行到中期，手牌好的玩家可能已经进入听牌状态，如果出现了吃牌机会，还未听牌的玩家在对手牌有利的前提下要抓住机会吃牌。

遇到以下情况，就可以考虑吃牌。

◆ 吃牌后即可听牌

当手牌中还有两组搭子，只需摸进一张牌就能组成听牌牌型时可吃牌。例如，手牌为如下牌型，当上家舍出六筒、九筒或六万，吃牌后手牌即进入听牌状态。

中期吃牌－手牌（1）

◆ 绝张吃牌

当上家舍出的牌是绝张或是不会再被其他玩家舍出的时候，应吃牌。

◆ 做高番数的牌时可吃牌

当上家舍出的牌可以帮助玩家组成番数较高的牌型时，要及时吃牌。如果单凭摸牌换张很难组成番数较高的牌型。

例如，手牌为如下牌型，筒子牌占多数且搭子可摸进的牌多为边张、嵌张。这时，就可以吃牌来组成筒子牌的顺子，舍出条子牌和万字牌，将手牌组成混一色牌型。

中期吃牌－手牌（2）

3.2.3　末期吃牌

到了牌局末期，一般很少会考虑吃牌。

例如，手牌为如下牌型，单钓七条。如果牌桌上已经出现两张七条，绝张七条迟迟未出，同时三万早已出现，此情形下若上家舍出六条，可吃，并舍出三万，把听牌落在三条、四条组成的搭子上，改胡二条、五条。

末期吃牌－手牌

因为绝张七条大概率是在其余玩家手牌里成组了，且三万也没有杠牌机会，所以要抓住吃牌机会，变换听牌，获取更多的胡牌机会。

在牌局中期和末期，也有不吃牌的情况。比如，不吃牌不会影响手牌中顺子的组成以及有很多听牌机会；或者手牌已经吃牌，再次吃牌会影响手牌牌型；又如吃牌后手中没有安全牌可以舍出等。

3.3　麻将碰牌玩法详解

　　碰牌是一种常见的麻将牌型组合方法。与吃牌不同，碰牌可以碰任一玩家舍出的牌，只要手牌上有与舍出的牌相同的对子，就可以碰。

　　碰牌是为了能尽快优化自己手牌的牌型，期望通过快碰快听从而尽快胡牌。许多麻将初学者喜欢屯很多对子不碰牌，或见牌就碰，完全不考虑碰牌后是否对手牌有利。因此，玩家要从牌局与手牌情况去考虑是否碰牌。

3.3.1　前期碰牌

　　在牌局前期，如果手牌里有多组对子，可以考虑碰牌。例如，手牌为如下牌型，其中八筒、九筒、九条、发财等对子皆可碰，只需碰两组牌，手牌就能进入听牌状态。

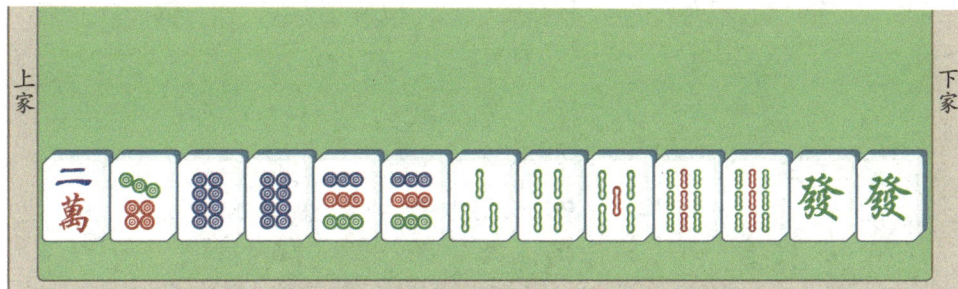

前期碰牌 – 手牌（1）

　　如果手牌中的顺子里带有刻子，当与刻子相同的牌出现时就要抓住机会碰牌。

　　例如，手牌为如下牌型，当玩家舍出四万，可碰，碰牌后手牌就带杠牌，胡牌后可以增加番数。一旦错过，可把其中两张四万当作将牌，或者摸二万、三万、五万、六万中的任意一张牌，与四万组成新的搭子。

前期碰牌 – 手牌（2）

如果手牌中的顺子中间的那张牌有多张，为避免破坏顺子牌型，不建议碰牌。例如，手牌为如下牌型，如果碰五条，顺子四条、五条、六条就被拆掉了。如果有玩家舍出七筒，由于对子七筒没有连带的顺子组合，是相对独立的一组对子，可碰。

前期碰牌 – 手牌（3）

如果手牌牌型不是特别理想且对子也少，那么就不宜碰牌，应该利用摸牌换张来优化牌型。例如，手牌为如下牌型，整体来看牌型不算很好且只有一对七万，如果碰七万，不仅碰掉已有的将牌，还错过一次摸牌进张的机会，所以暂时放弃碰牌。

前期碰牌 – 手牌（4）

3.3.2 中期碰牌

进入牌局中期，多数时候只要碰牌就能让手牌进入听牌状态，这时能碰则碰。此阶段有以下情况，应该抓住机会碰牌。

首先，前期手牌里的对子多，但一直没有碰牌机会，到中期想碰的牌陆续出现，且在碰牌后即可听牌。例如，手牌为如下牌型，开局拿牌就有四组对子，一旦碰牌就有机会组合成碰碰胡、单钓、金钩钓等胡牌牌型。

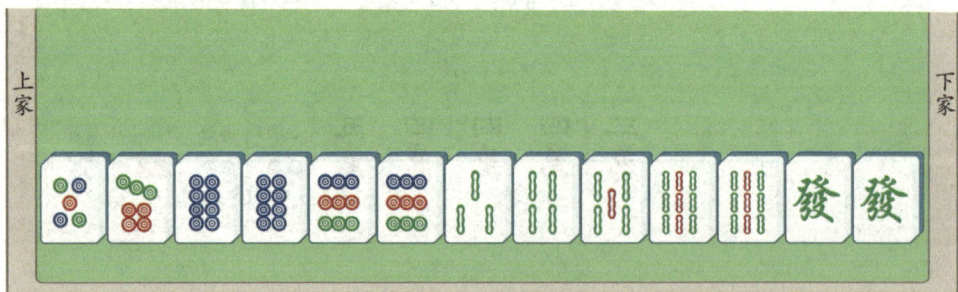

中期碰牌 – 手牌（1）

其次，经过摸牌换张，手中的单牌陆续被凑成对子，在牌局前期手牌中可以碰的牌首次出现时没有碰，该牌到中期再次被玩家舍出时，可以碰牌。例如，手牌为如下牌型，二条和二万是摸牌换张凑成的对子，七万在前期没有碰，此时有三组对子。为尽快进入听牌状态，碰牌是很好的选择。

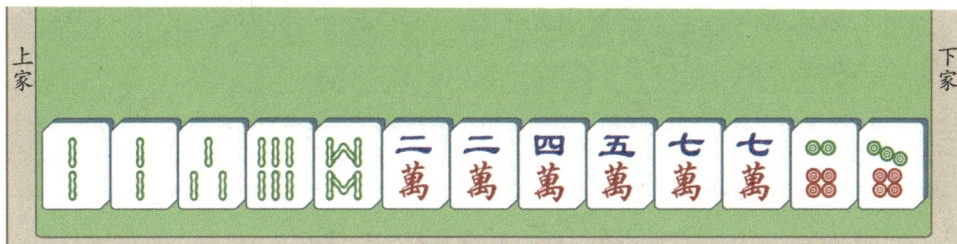

中期碰牌－手牌（2）

3.3.3　末期碰牌

在牌局后期，玩家大多已经听牌，为避免碰牌后舍牌点炮，通常选择不碰牌。如果出现了只要碰一张牌就能使手牌听牌的机会，那么就算碰牌后舍牌有点炮风险也要碰牌。

例如，手牌为如下牌型，碰四条或三筒，舍出四筒，手牌就进入听牌状态。错过碰牌，手牌就有可能无法听牌，牌局结束就会被其他玩家查叫。

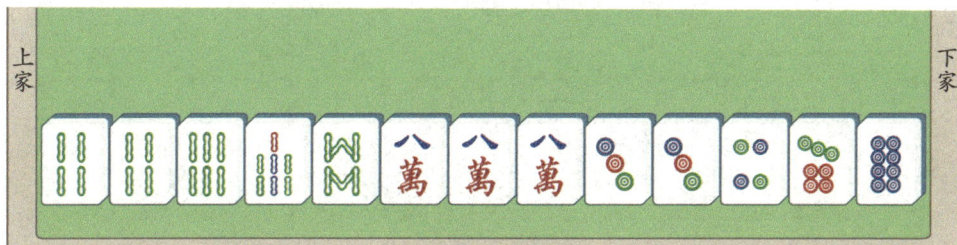

末期碰牌－手牌（1）

上述碰牌情况在牌局末期十分常见，毕竟不是任何时候都能通过摸牌换张让手牌听牌。同样，也会遇到特殊情况，需要用碰牌来改变牌局。

比如，遇到自己和其他玩家同时都在做"大牌"且自己胡牌希望不大的情况，应该抓住机会碰牌，弃大做小，改变听牌类型。例如，手牌为如下牌型，单钓八筒组合成七对牌型。如果玩家舍出二条、五条、四万中的任意一张，可碰，改听番数小的双碰听。

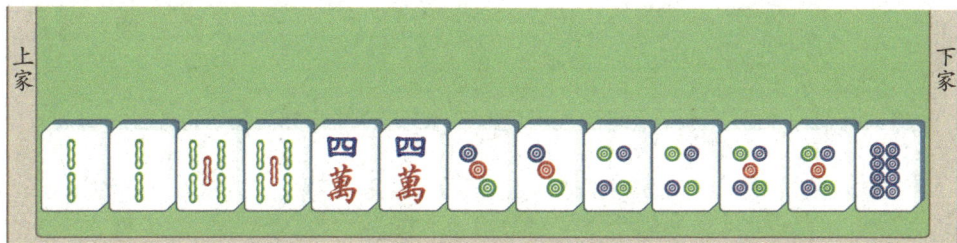

末期碰牌－手牌（2）

3.4　麻将杠牌玩法详解

　　杠牌和碰牌一样，任一玩家舍出的牌都可以杠。杠牌后要先在牌墙的最后摸一张牌，然后再舍出一张牌，保证手中持有符合规定的牌数。

　　在打麻将牌的过程中经常出现杠牌，而杠牌是有技巧的。下面介绍杠牌的时机选择和不能杠牌的情况。

3.4.1　杠牌的时机选择

　　杠牌有增加手牌番数的特点，因此玩家会抓住杠牌机会。但是，杠牌也有时机选择，玩家应该思考杠牌对牌型是否有利。

◆　安全牌型，果断开杠

　　当杠牌不影响手牌牌型时，开杠不仅能增加手牌番数，还能有一次摸牌换张的机会，可杠牌。例如，手牌为如下牌型，手牌里没有与刻子三筒有联系的其他牌，三筒开杠后对手牌影响不大，可以杠牌。

杠牌－手牌（1）

　　又如，手牌为如下牌型，先碰了七筒，而后又摸到一张七筒。但手里的筒子牌只有三筒，加上缺少将牌，这时加杠七筒就能摸牌，从而有机会摸进将牌或把搭子组成顺子。

杠牌－手牌（2）

◆ 等待时机，杠上开花

在未听牌时，摸到杠牌可以先不杠，等手牌听牌后再开杠。

例如，手牌为如下牌型，摸进一张二筒，先选择不杠二筒，将其留在手牌中，舍出九条，等手牌听牌后再加杠二筒，等待杠上开花。

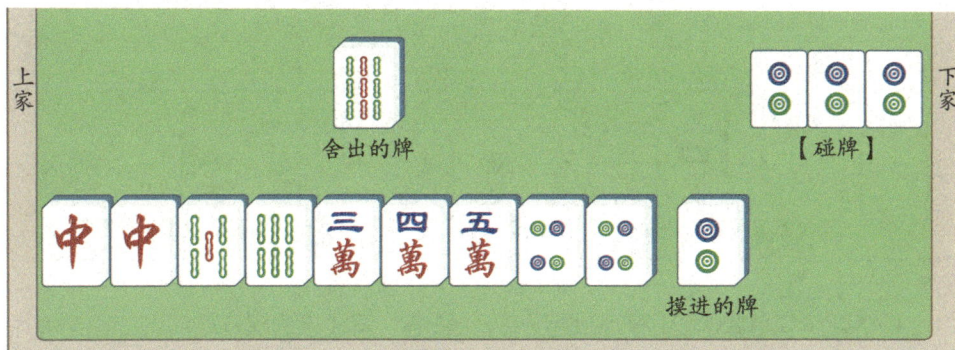

杠牌－手牌（3）

3.4.2　不能杠牌的情况

大多数情况下会选择杠牌，但如果遇到以下情况不建议杠牌。

◆ 做牌不杠

做特定的牌型，比如门前清、十三幺等，就不能开杠。

例如，手牌为如下牌型，手牌中已有顺子、将牌和刻子，加上七筒、八筒和五万、六万这两组搭子，不用吃牌、碰牌、杠牌，依靠摸牌换张就能听牌，组合成门前清牌型。

做牌不杠－手牌

◆ 少听不杠

　　如果杠牌减少了手牌的听牌机会，让胡牌变得困难，就不适合开杠。

　　例如，手牌为如下牌型，手牌听牌落在刻子七筒带一张八筒的数牌组合上。当用一对七筒做将牌，七筒、八筒做搭子，则手牌听六筒、九筒；当刻子七筒做一组牌，则手牌单钓八筒。此时不杠七筒，听六筒、八筒、九筒，胡牌机会大。当玩家舍出七筒时，若杠出七筒，手牌听牌就只能单钓八筒，胡牌机会小，因此放弃杠牌。

少听不杠－手牌（1）

　　如果杠牌使得原本已经听牌的手牌无法听牌，同样不建议开杠。例如，手牌为如下牌型，听牌落在二筒、三筒组成的搭子上，胡一筒或四筒。当其余玩家舍出七筒时，若选择杠七筒，则不能保证杠牌后摸牌换张能让手牌再次听牌，因此放弃杠牌。

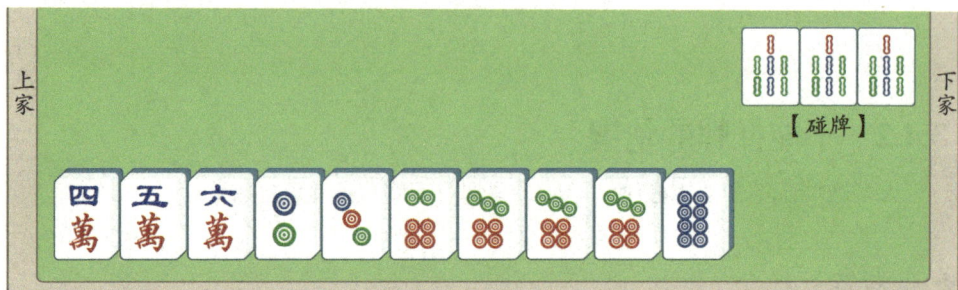

少听不杠－手牌（2）

◆ 能胡不杠

　　当摸到与碰牌相同且可胡的牌时，应该抓住机会胡牌，以免加杠时被其余玩家抢杠。例如，手牌为如下牌型，碰了三筒，胡三筒或六筒。摸到三筒时直接胡牌，不杠三筒。

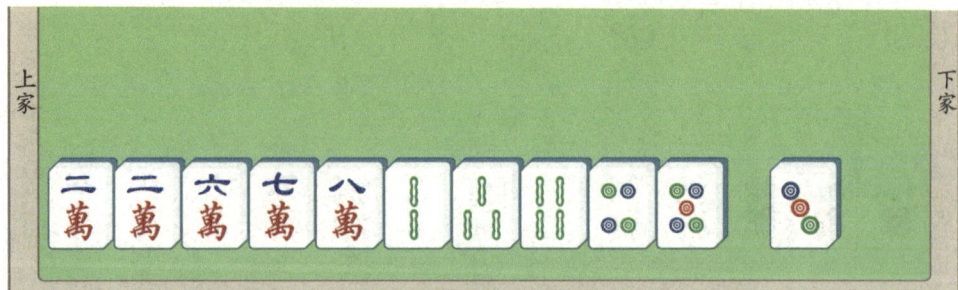

能胡不杠－手牌

◆ 有险不杠

　　如果杠牌后舍出的牌会让其余玩家胡牌或在加杠时有其余玩家抢杠的风险，那么就不宜杠牌。

3.5　麻将听牌玩法详解

　　打麻将的最终目的是胡牌，只有听牌才有机会胡牌。实战中，常常碰到早已听牌却迟迟不能胡牌，或后听牌的玩家反而先胡牌的情况。究其原因，玩家没有找准容易胡牌的听牌牌型。

3.5.1　麻将听牌的基本原则

　　想要找准容易胡牌的听牌牌型，可以从麻将听牌的基本原则入手。结合原则可以组合出容易胡牌的听牌牌型。

◆ 麻将牌花色不宜过多

　　麻将牌的花色过多，不仅会让人眼花缭乱，还会影响听牌类型的确定。减少组成手牌的麻将牌花色，不仅有助于看清牌型，而且有助于进行更多的做牌选择，从而尽早胡牌。

　　例如，开局拿牌为如下牌型，有筒子牌、条子牌、万字牌、风牌，需要结合摸牌情况舍牌。下面针对这副手牌，给大家简单介绍如何通过减少麻将牌的花色类型，让手牌尽早听牌。

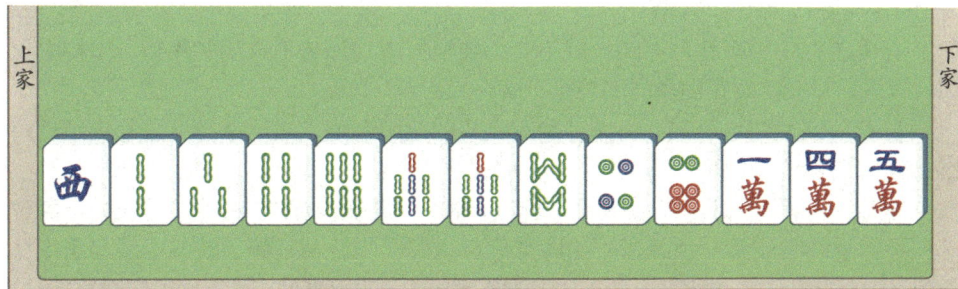

初始手牌

　　当摸牌以数牌为主时，可考虑把风牌全部舍出去，组合出需要舍幺牌的胡牌牌型，比如断幺。

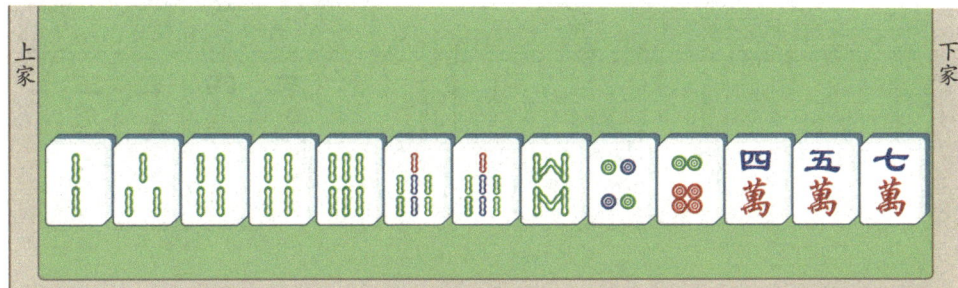

减少麻将牌花色后的手牌（1）

　　如果连续几巡摸牌都是同一花色的数牌，而且摸进的这种花色的牌至少有两位玩家舍出，就可以尝试保留该种花色的牌，舍出其他花色的牌，把手牌往清一色牌型上组合。如果胡牌，番数比普通牌型要大。

　　例如，经过摸牌并舍出风牌、筒子牌和万字牌后，加上初始手牌中的条子牌，手牌组成了清一色牌型。

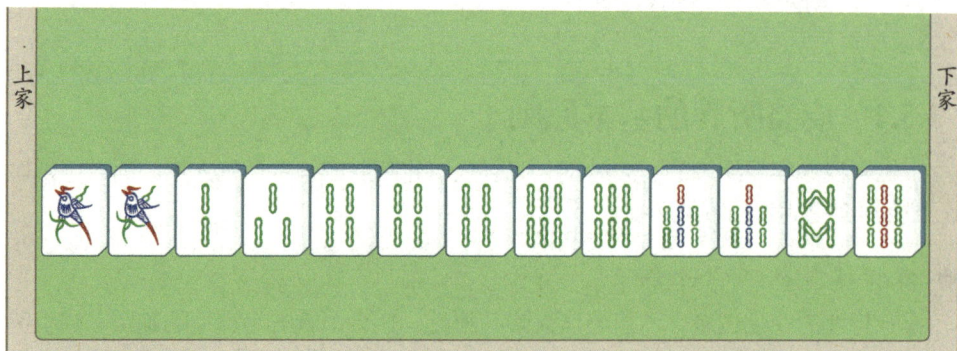

减少麻将牌花色后的手牌（2）

◆ 灵活组牌，尽早听牌

　　行牌过程中手牌牌型不能一成不变，要根据牌局形势考虑胡牌牌型。坚持去做某种牌型，一般需要花很多时间组合手牌。

　　玩家应该根据手牌灵活组牌，确定初步的胡牌牌型，然后在行牌过程中组成对自己有利的牌型，尽早听牌。

　　例如，手牌为如下牌型，在此牌型的基础上只要摸入或碰条子牌，舍出万字牌，这样手牌就能组成清一色牌型。如果其他玩家同样需要条子牌，就不会轻易舍出条子牌，加上摸不到需要的牌，这时就要放弃清一色，改组其他牌型。比如保留万字牌，摸到容易进牌的筒子牌时也可以留下，舍条子牌。

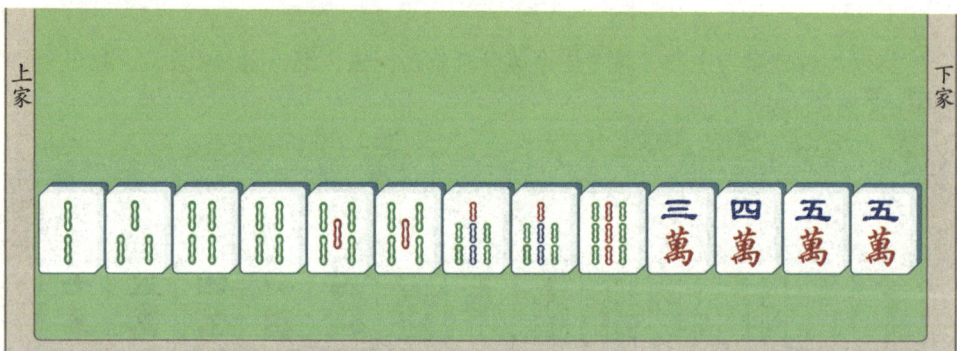

尽早听牌－手牌（1）

当手牌为如下牌型时，有一万、二万、五条、七条、七筒五组对子，另加二筒、三筒、五筒三张单牌。从手牌上看可以尝试往七对牌型上组合。如果一直没有把单牌组成对子，出现碰牌机会时，应该抓住机会果断碰牌，改组碰碰胡牌型。

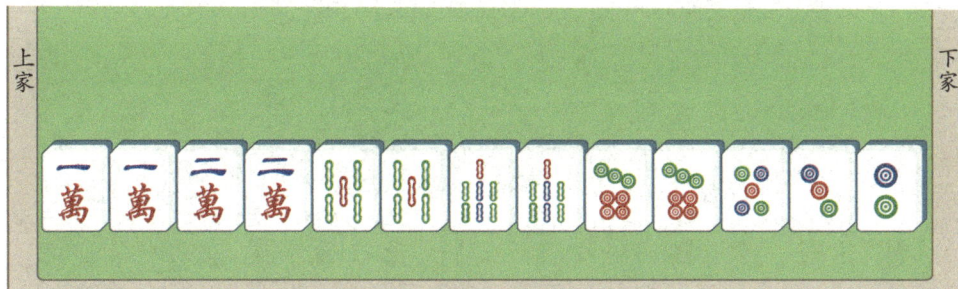

尽早听牌 – 手牌（2）

◆ 选择最佳听牌类型

玩麻将不仅要争取早听牌，还要选择最佳听牌类型，即尽量选择听牌机会多的牌型。听牌要优先考虑叫多的牌型，叫多就意味着可胡牌的张数多，胡牌机会就大。

例如，手牌为如下牌型。当其余玩家舍出三筒，碰牌后就有不同的听牌类型可选择，听牌后胡牌机会会随之变化。

选择最佳听牌类型 – 手牌（1）

当碰三筒、舍出六筒时，听牌落在五万、六万、七万、八万组成的四连顺搭子上，听两张牌，单钓五万或八万。因为手中已有一张五万和一张八万，在不考虑其余玩家的手牌及牌池中的舍牌的情况下，可听的牌有三张五万和三张八万，共六张牌。

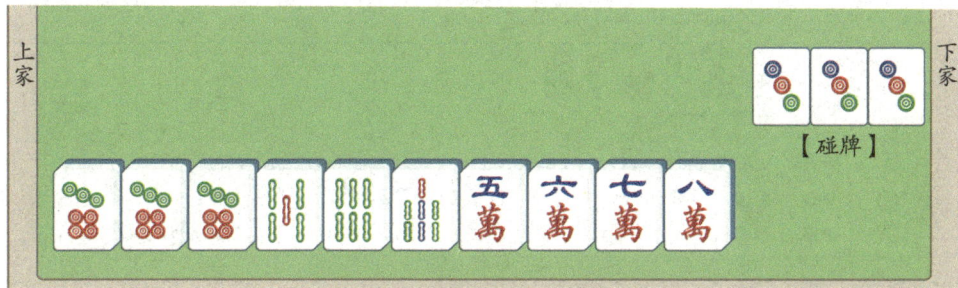

【碰牌】

选择最佳听牌类型 – 手牌（2）

当碰三筒、舍出八万时，六筒搭刻子七筒的这组牌有两种听牌牌型，一种是单钓六筒，另一种是用一对七筒做将牌，六筒、七筒组成听牌搭子，听五筒、八筒。因为手中已有一张六筒，在不考虑其余玩家的手牌及牌池中的舍牌的情况下可听的牌有三张六筒，四张五筒和四张八筒。听牌机会就比只听五万、八万大。

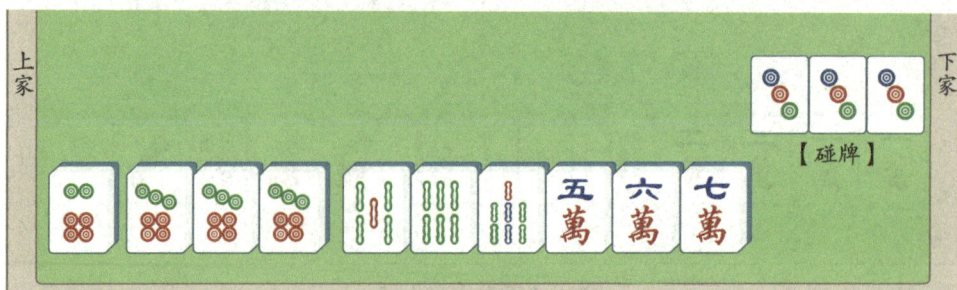

选择最佳听牌类型－手牌（3）

听牌类型可以结合麻将常用的牌谱口诀来确定。例如，手牌为如下牌型，摸进六万并舍出二筒、四筒、七筒中的任意一张牌，即可听牌。如果舍四筒或七筒，则听二筒和八条；如果舍出二筒，则听嵌张三筒。但是，结合“对不如嵌”的说法，胡嵌张比胡对子的机会大，因此应舍二筒，胡嵌张三筒。

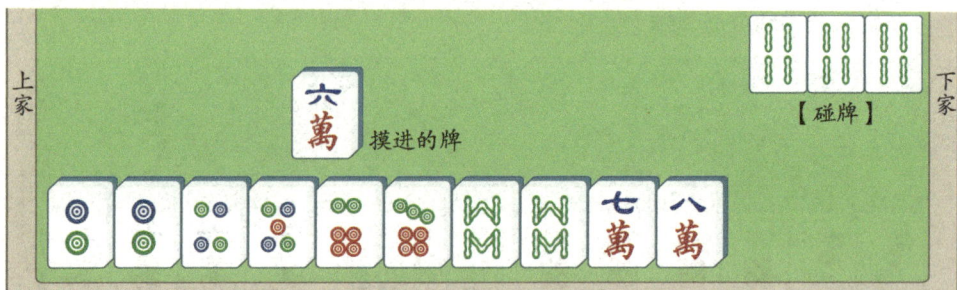

选择最佳听牌类型－手牌（4）

此外，还可以把听一张牌的牌型升级成听多张牌的牌型。例如，手牌为如下牌型，只要摸进五筒、六筒、八筒中的任意一张，舍去二筒，就能把听单张的牌型升级成两面听的牌型。比如，摸五筒可听三筒、六筒，摸六筒可听五筒、八筒，摸八筒可听三筒、六筒、九筒。

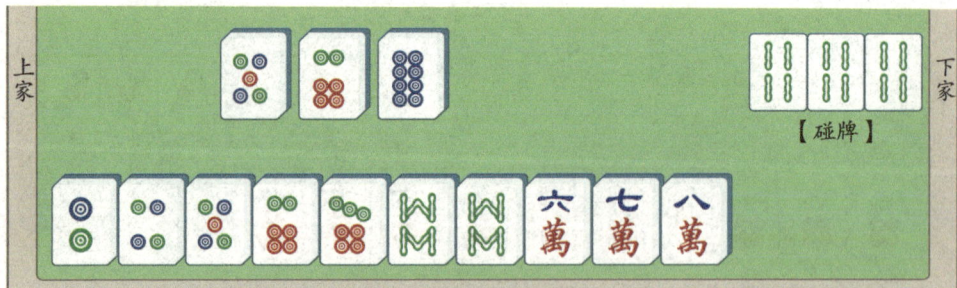

选择最佳听牌类型－手牌（5）

听牌可以参考牌谱口诀，但口诀不是万能的。例如，当要胡的嵌张牌一直没有出现时，多半是被其余玩家抓在手里了，在此情形下就很难胡牌。又如，当要胡的牌是对子牌时，剩余牌在其他玩家手中可能会成为单牌，就容易被舍出，在此情形下就很容易胡牌。

一般情况下会把手牌往听牌机会多的牌型上去组合，但有的时候即使可听的牌多也不容易胡牌，比如，要胡的牌在牌池中已经出现了很多张或者在其余玩家手里。所以，组合听牌牌型时，在考虑牌型的同时还要估量可胡牌的机会。

◆ 选择安全性强的听牌类型

听牌阶段的牌局形势较为紧迫，玩家舍牌需要经过再三思考。因此，听牌要选择安全性强的牌型。

听牌可以考虑常被玩家舍出的一些牌。比如数牌中一和九只能分别和数牌二、三和数牌七、八组成顺子，多数情况会被玩家舍掉。又如，玩家想做断幺、清一色等牌型，风牌和三元牌也是舍牌的首选。因此，可以利用这个舍牌思维，反其道而行之，让手牌听这些易出的牌。

例如，手牌为如下牌型，听一条、四条和红中，其中一条和红中属于出现概率大的幺牌，所以胡牌的可能性也就大。

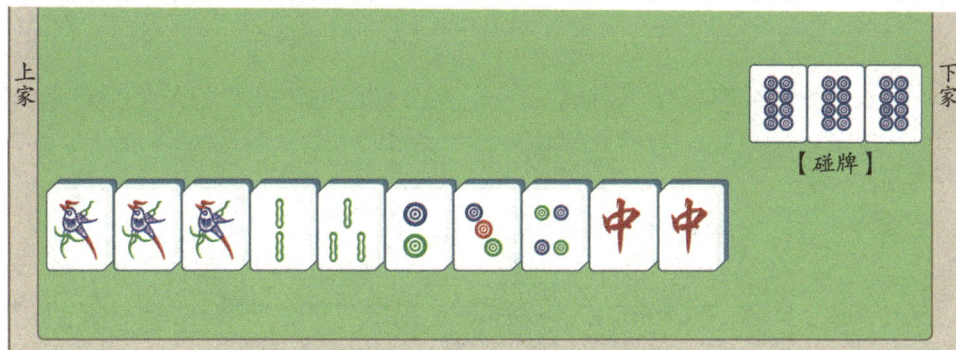

选择安全性强的听牌类型 – 手牌

此外，听牌时要想着听熟张比听生张好，听牌落在熟张上，胡牌机会相对较大。因为在听牌阶段，玩家很难舍出生张，通常会跟着牌池里的熟张舍牌。

◆ **灵活听牌**

　　麻将组牌要灵活，听牌依旧要灵活。因为牌局形势随时变化，所以听牌后的牌型也要随之而变。比如，久听不胡时就要及时改变听牌类型。

　　例如，手牌为如下牌型，手牌听嵌张七筒。嵌张七筒一直没有出现，此时其余玩家舍出三万，可以碰掉，舍去八筒，改听单钓牌型。

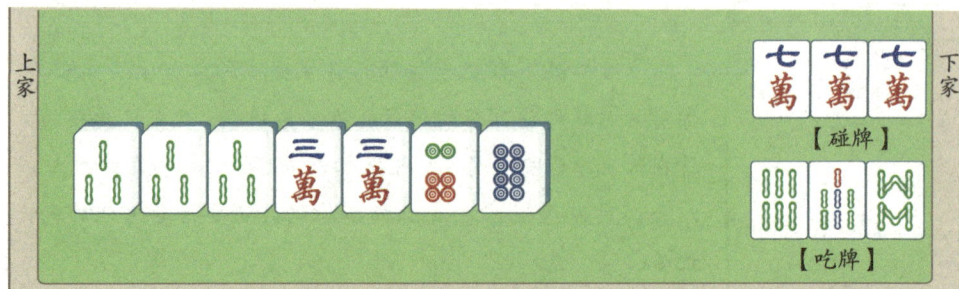

灵活听牌－手牌（1）

其余玩家舍出三万　碰三万后舍出八筒

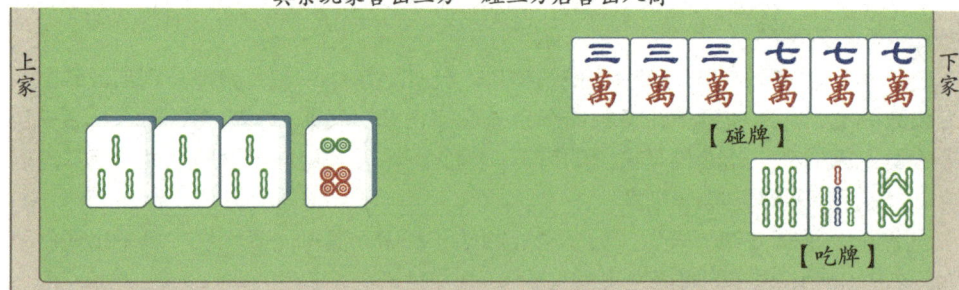

灵活听牌－手牌（2）

　　又如手牌为如下牌型，听牌落在六万、八万组成的搭子上，听嵌张七万。如果有玩家舍出七条或六万，可碰，舍出八万，听牌落在四万、五万组成的搭子上，改听三万、六万。

灵活听牌－手牌（3）

◆ 有针对性听牌

有针对性听牌，是指带有一定的指向性和目的性地去考虑手牌的听牌类型。比如听牌落在自己的碰牌上，就有机会胡杠牌；或者听牌落在其他玩家的碰牌上，等待机会抢杠。

例如，手牌为如下牌型，手牌碰了三万，听牌落在四万、五万组成的搭子上，听三万、六万。这时最好选择胡杠牌三万，可以加番，如果胡三万没机会，再考虑胡六万。

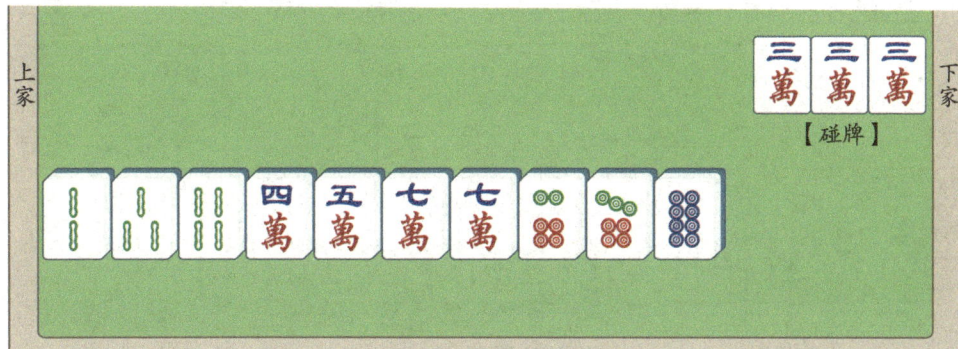

有针对性听牌 - 手牌

打麻将有"叫比天高"的说法，说明了听牌的重要性。听牌是胡牌的必要条件，没有听牌，就不能胡牌。

玩麻将过程中，有的玩家总是不考虑牌局情况，喜欢做高番数的牌，导致迟迟不能听牌或者被其他玩家抢先胡牌。

只有尽早听牌，才能在保全自己的前提下，考虑是否有机会去做高番数的牌，赢得更多的筹码。

3.5.2　准叫牌型的常见打法

本节主要介绍准叫牌型的常见打法，即麻将牌还未听牌，但只要再摸一张需要的牌就能听牌的打法。

下面通过两组准叫牌型，一起来看看准叫牌型都有哪些牌型组合，其牌型结构有哪些特点。

当手牌为如下牌型时，按麻将听牌的牌型结构对手牌进行分解得知，手牌已经组好三组牌，另外四张牌是不符合听牌牌型结构的牌。

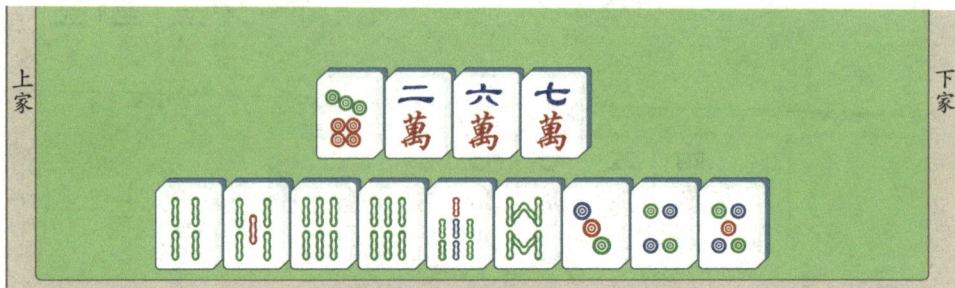

准叫牌型（1）

当手牌为如下牌型时，按麻将听牌的牌型结构对手牌进行分解得知，手牌已经组好两组牌，另外七张牌是不符合听牌牌型结构的牌。

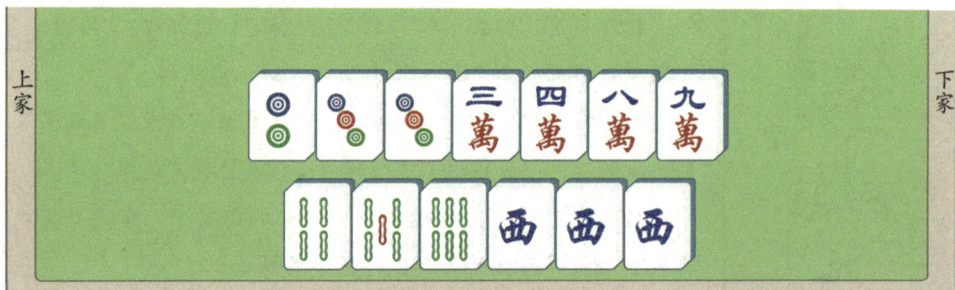

准叫牌型（2）

从展示的手牌中能够发现，手牌经过分解后无论是剩四张牌，还是剩七张牌，二者的共同点是只要再摸一张需要的牌，就能让手牌听牌。

因此，我们把手牌分解后剩四张牌的准叫牌型叫作"四人抬轿"，把剩七张牌的准叫牌型叫作"七张无叫"。

大部分手牌想做成听牌牌型，要经历四人抬轿或七张无叫的准叫牌型，但七对、十三幺等特殊牌型除外。因此，在实战中要重点思考如何让准叫牌型尽快听牌，以及确定最佳的听牌类型。

◆ 四人抬轿的打法

　　四人抬轿是麻将里常见的一种准叫牌型，许多听牌牌型都可以从四人抬轿牌型演变而来。四人抬轿是指手牌里已经组好三组牌，剩余的四张牌中至少有两张牌可以组成搭子或对子。这种牌型容易听牌且胡牌的可能性很大。

　　从四人抬轿的牌型组合上看，其可分为有对子、无对子两类。

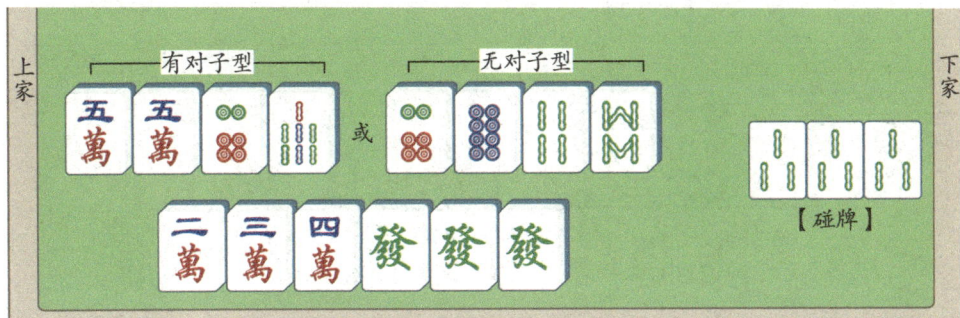

四人抬轿－两种牌型

1. 有对子

　　当准备听牌的四张牌中有一组对子时，有两种打法可以采用。

　　一种打法是碰出手牌里的对子，往单钓牌型上做。例如，手牌为如下牌型，一对八筒搭四万和七条，当其余玩家舍出八筒，碰牌后舍出七条，手牌听牌，单钓四万，也可以碰牌后舍出四万，手牌听牌，单钓七条。

四人抬轿－有对子的牌型

其余玩家舍出的碰牌　　碰牌后舍出的牌

四人抬轿－听牌后牌型

另一种打法是通过摸牌换张与单牌组成搭子，把手牌往听嵌张或两面听的听牌类型上组合。

仍以四人抬轿 - 有对子的牌型为例。用八筒做将牌，摸到二万、三万、四万、五万、六万中的任意一张牌与四万组成搭子，舍出七条，或者摸到五条、六条、七条、八条、九条，舍出四万。这两种方式都可以让手牌听牌，并有听嵌张、双碰听、两面听等多种听牌类型可以选择。

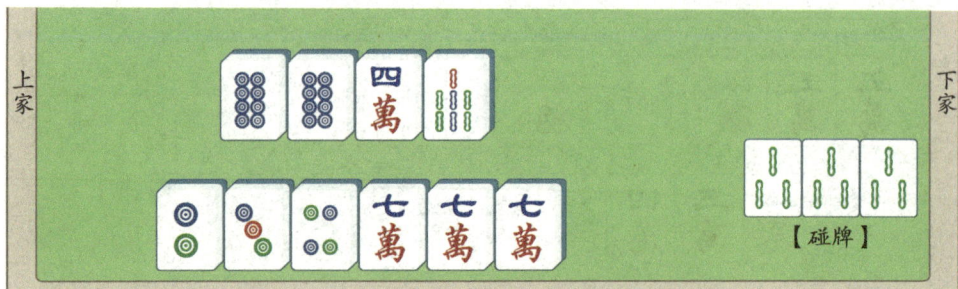

四人抬轿 - 有对子的牌型

比如，摸进一张五万，与四万组成两面听搭子，再舍出七条，手牌就可胡三万、六万。

四人抬轿 - 有对子的牌型进张听牌

在四人抬轿牌型下，对子可以是筒子牌、条子牌、万字牌、风牌、三元牌中的任意一组牌，而与对子组合的另外两张单牌，则有不同的牌型搭配。

当对子搭配三至七的数牌时，摸牌换张的机会多，听牌机会大。

例如，单牌为数牌三筒和七条，与三筒组成搭子的数牌有一筒、二筒、三筒、四筒、五筒这五张牌，与七条组成搭子的数牌有五条、六条、七条、八条、九条这五张牌。

四人抬轿 - 牌型组合（1）

当对子搭配一和九的数牌时，摸牌换张的机会相对较少，是相对不理想的牌型组合。

例如，单牌为数牌一筒和九万，能与其组成搭子的数牌只有一筒、二筒、三筒，以及七万、八万、九万。

四人抬轿 - 牌型组合（2）

2. 无对子

在四人抬轿牌型里，如果四张牌都是单牌，结合准叫牌型的特点，这四张单牌里至少要有一组牌可组成边张、嵌张或连张搭子。根据四张单牌可以组成的搭子组数，大致将其分为以下两种情况。

当手中的四张牌组成一组搭子时，手牌的四张单牌为如下牌型，六条、七条为连张搭子，七万、二筒为两张单牌，只要摸进七万、二筒、五条、八条中的任意一张牌，就有机会组合成两面听、嵌张、单钓等牌型。

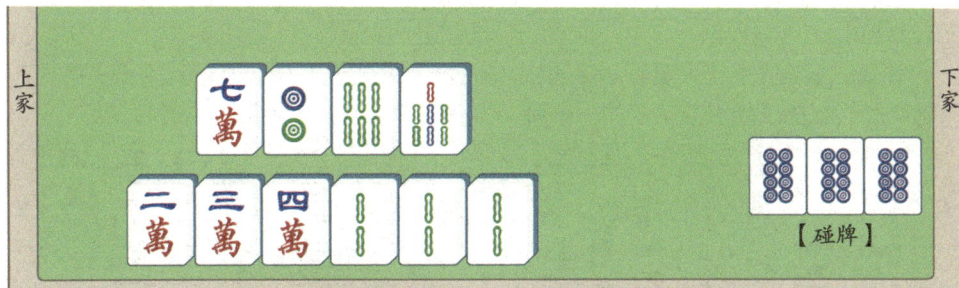

四人抬轿 – 无对子的牌型（1）

需注意，在上述牌型里搭子可以是边张、连张或嵌张搭子中的任意一种，而另外两张牌则要求是与搭子不同。

手中的四张牌组成两组搭子，手牌的四张单牌为如下牌型。四筒和五筒、六条和七条分别组成连张搭子，只要摸进三筒、四筒、五筒、六筒或者五条、六条、七条、八条中的任意一张牌，手牌即可听牌。

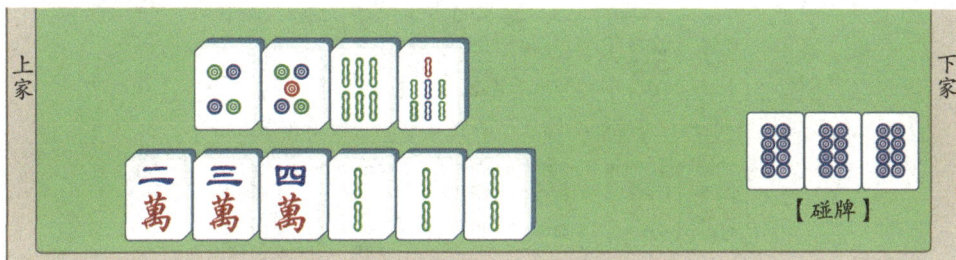

四人抬轿 – 无对子的牌型（2）

上图展示的牌型是用四张单牌组成两组搭子的理想牌型，听牌机会大。两组搭子也有不同的组合，见下图。

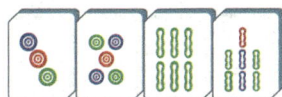

嵌张搭子 + 连张搭子

嵌张搭子 + 嵌张搭子

◆ 七张无叫的打法

　　与四人抬轿牌型一样，七张无叫牌型也有很多。七张无叫的牌型特点是，手牌已经组好两组牌，另外七张牌只要再进一张需要的牌就能让手牌听牌。

　　手中的七张牌里要有对子才符合七张无叫的牌型要求，因此根据牌型里的对子数量，七张无叫牌型分为有一组对子、有两组对子和有三组对子三种。

1. 有一组对子

　　当手中的七张牌里有一组对子，结合七张无叫的牌型要求，余下五张牌里必须要有两组搭子。

　　例如，手牌为如下牌型，有一组对子九筒，只要摸到与五筒、六筒和三条、四条这两组连张搭子能组成顺子的一张牌，再舍出单牌七条，手牌就能听牌。

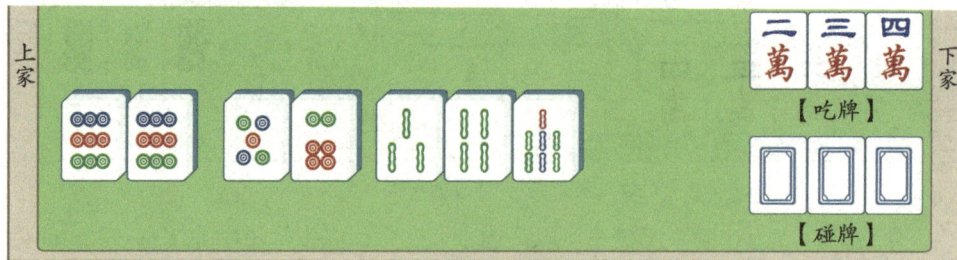

七张无叫 - 牌型（1）

　　上述牌型是七张无叫牌型中带一组对子时的理想牌型。在实战中会碰到其他有一组对子的七张无叫牌型，比如包含连张搭子与嵌张搭子，或者只有嵌张搭子的牌型，见下图。

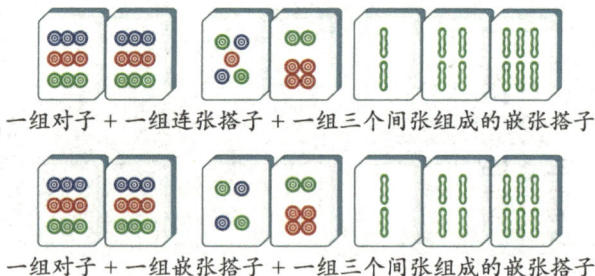

一组对子 + 一组连张搭子 + 一组三个间张组成的嵌张搭子

一组对子 + 一组嵌张搭子 + 一组三个间张组成的嵌张搭子

　　如果手牌是下面展示的牌型，听牌机会就要少一些。因为八条与三条、五条都不能组成搭子，就没有组成顺子的可能，相比上面两种牌型，听牌的选择就少了。

一组对子 + 一组连张搭子 + 一组嵌张搭子 + 一张单牌

　　综上可知，一组对子搭两组连张搭子的七张无叫牌型的听牌机会最大。因此，组牌时尽量往有两面听的连张搭子牌型上去组合；如果没有机会组成两面听搭子，组成嵌张搭子也是可以的。

2. 有两组对子

手牌的七张牌里有两组对子时，另外三张单牌也有多种牌型组合。

当单牌和其中一组对子能组成搭子时，有以下几种七张无叫的牌型组合。

例如，手牌为如下牌型，有七筒、五万两组对子，一张单牌六万，以及六条、七条组成的搭子。这时只要碰七筒、五万，或者摸进四万、七万、五条、八条中的任意一张牌，手牌即可听牌。

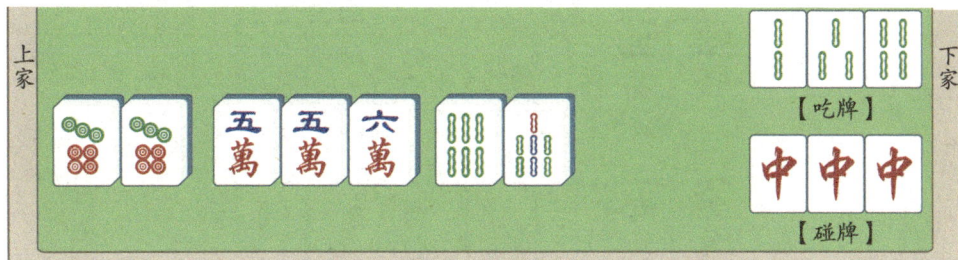

七张无叫－牌型（2）

上述牌型是单牌能和其中一组对子组成搭子的情况下，具有最大听牌机会的有两组对子的七张无叫牌型组合。此外，还有一些其他常见的牌型组合，见下图。

两组对子 + 能与对子组成嵌张搭子的一张单牌 + 连张搭子

两组对子 + 能与对子组成嵌张搭子的一张单牌 + 嵌张搭子

综上可知，当搭子为两面听的连张搭子时，手牌容易听牌；如果是嵌张搭子，听牌就要相对难一些。

如果单牌和两组对子都能组成搭子，即手牌为如下牌型，三张单牌分别与两组对子组成了连张或嵌张搭子，形成七张无叫牌型。这时只要碰或摸进一张需要的牌，即可听牌。

七张无叫－牌型（3）

如果三张单牌不能和对子组成搭子，在满足七张无叫牌型的前提下，这三张单牌既可以组成单独的连张或嵌张搭子，也可以组成连张与嵌张的组合式搭子，见下图。

两组对子 + 一组连张与嵌张的组合式搭子

两组对子 + 一组三个间张组成的嵌张搭子

两组对子 + 一组连张搭子 + 一张单牌

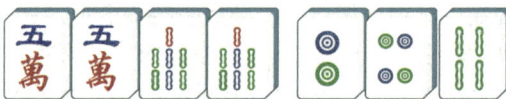

两组对子 + 一组嵌张搭子 + 一张单牌

3. 有三组对子

当手牌的七张牌里有三组对子，仅剩 1 张单牌时，如果单牌是某一组对子的连张，且另外两组对子为连续的牌，那么此牌型就是七张无叫牌型中带三组对子时的最佳组合，听牌机会最大。

例如，手牌为如下牌型，有四筒、五筒、五万三组对子，一张六万，其中六万可以和五万组成连张搭子。

在此牌型下，只要三组对子任意碰出一对，即可听牌。同时也可以在摸进三筒、四筒、五筒、六筒中任意一张牌后舍出一张不需要的牌，即可听牌；或者摸进四万、五万、七万中的任意一张牌后舍出一张不需要的牌，也可听牌。

七张无叫－牌型（1）

又如手牌为如下牌型，三组对子中三筒和五筒可以构成对子式的嵌张搭子，同时一对五万带一张六万。同样，通过碰牌或摸进三筒、四筒、五筒或四万、五万、七万中的任意一张牌，再舍出一张不需要的牌，手牌都能听牌。

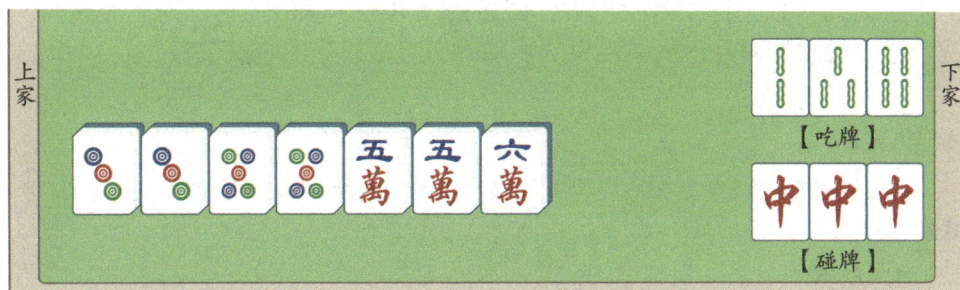

七张无叫 - 牌型（2）

又如手牌为如下牌型，有三筒、七筒、五万三对独立的对子，其中七筒带了一张八筒。同样，在此牌型下只要碰一组牌或摸进三筒、六筒、七筒、九筒、五万中的任意一张牌后再舍出一张不需要的牌，即可听牌。

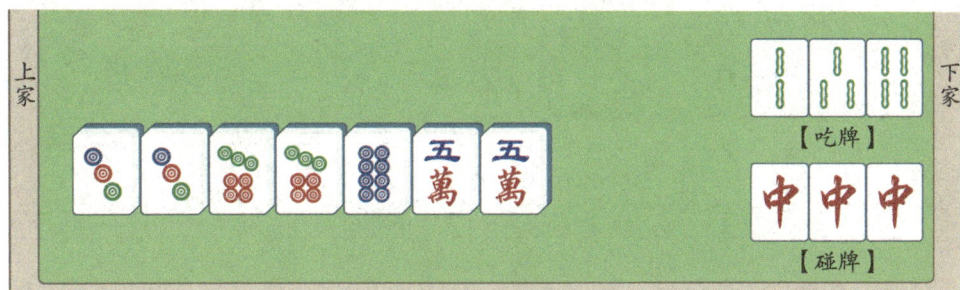

七张无叫 - 牌型（3）

综上可知，七张无叫 - 牌型（1）是七张无叫牌型中带三组对子时的最佳牌型，听牌机会多。虽然，另外两组牌型比最佳牌型的听牌机会少一些，但也是不错的牌型，可以通过摸牌换张进行调整。

3.5.3　麻将常见的听牌类型

在实战中，快速且准确地看出手牌的听牌类型是一项重要技能。初学者常常会看漏听张把自摸牌舍出去，或是错过其他玩家的点炮。为避免这类情况发生，玩家就要熟悉麻将常见的听牌类型以及对应的听牌张数。

◆ 听 1 张

听 1 张，指手牌在听牌后可胡的牌只有一种。其听牌牌型有单钓、听边张、听嵌张三种。

1. 单钓

单钓也叫单骑，是指手牌已组成四组牌，剩余一张单牌胡牌后做将牌的一种听牌牌型。例如，手牌为如下牌型，有四组牌和一张单牌四条，手牌听牌只能单钓四条做将牌。

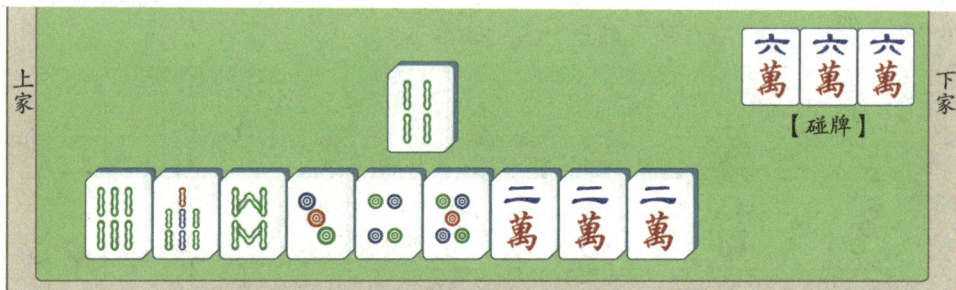

单钓 – 手牌（1）

单钓除了上图展示的常规牌型外，还有另一种牌型，即金钩钓。例如，手牌为如下牌型，手牌中已经有三组碰牌和一组吃牌，仅剩一张四条，这样的单钓牌型就叫作金钩钓。

单钓 – 手牌（2）

单钓听牌，有单钓和金钩钓两种牌型。如果是常规的单钓牌型，就有机会变换手牌的听牌形式，如果是金钩钓牌型，那么就只能胡单张牌。

2. 听边张

听边张即手牌听牌落在数牌一、二或八、九的边张搭子上，可听的牌只有数牌三或七。

例如，手牌为如下牌型，听牌落在边张搭子一万、二万上，只有三万才能和边张搭子组成顺子。

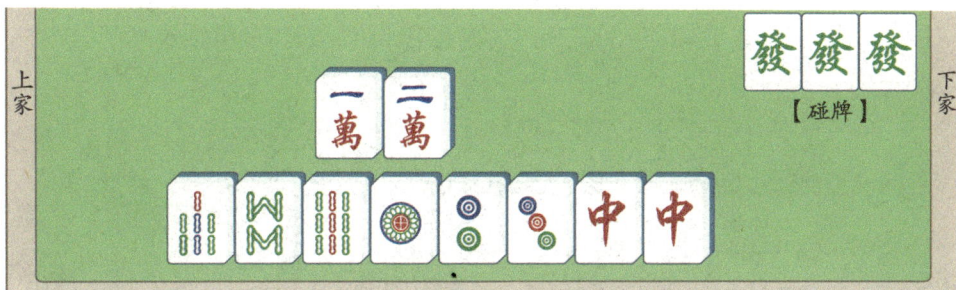

听边张 - 手牌

3. 听嵌张

听嵌张即手牌听牌的搭子不是连续的两张数牌，而是间隔了一个数的两张牌。因为听的是嵌入搭子中间的那张牌，所以可听的牌仍然只有一种。

例如，手牌为如下牌型，听牌落在嵌张搭子六万、八万上，只有七万与搭子能组成顺子，所以只能听嵌张七万。

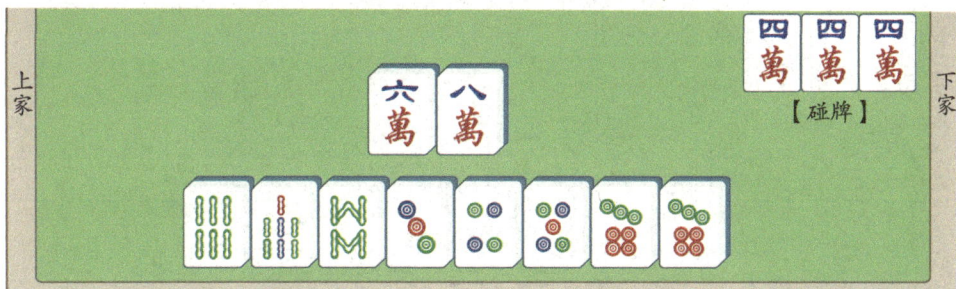

听嵌张 - 手牌

单钓、听边张、听嵌张等听牌类型，可以通过摸牌换张或碰牌把听单张的牌型变成听多张的牌型，增加胡牌的机会。

◆ 听 2 张

听 2 张，是指手牌在听牌后可胡的牌有两种。常见的听牌牌型有两面听、双碰听、两面双钓将、单钓带边张、单钓带嵌张等。

1. 两面听

两面听即手牌听牌落在以两个相邻数牌组成的两面搭子上，搭子两边的数牌都是可听的牌。在听 2 张牌的听牌牌型里，两面听的听牌张数多，胡牌机会大，每一种牌各有 4 张相同牌，不考虑其余玩家的手牌及牌池中的舍牌情况，共有 8 张牌可胡。

例如，手牌为如下牌型，听牌听的是搭子六条、七条的两边，既可以组成顺子五条、六条、七条，也可以组成顺子六条、七条、八条。故而这副手牌可听的牌就有五条、八条这两种，有 8 次胡牌机会。

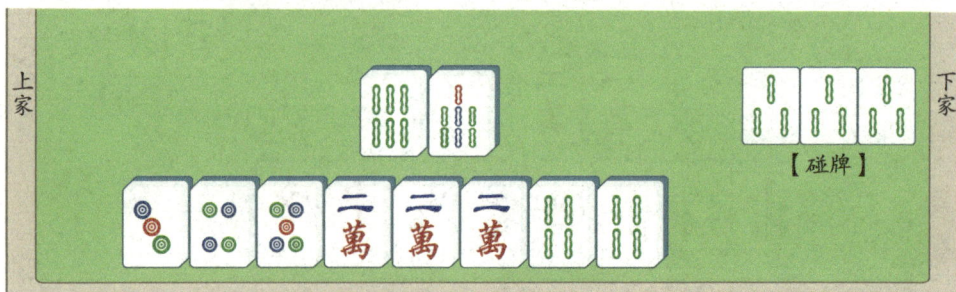

两面听 - 手牌（1）

两面听还有一种特殊的听牌牌型。

例如，手牌为如下牌型，听牌搭子仍然是六条、七条，同样是听五条、八条，由于将牌是五条，不考虑其余玩家的手牌及牌池中的舍牌情况，胡牌机会就从 8 次减少到 6 次。

听牌张数是衡量听牌牌型好坏的主要标准之一。基于此理，此处展示的这种特殊两面听牌型，比上图展示的两面听牌型差一些。

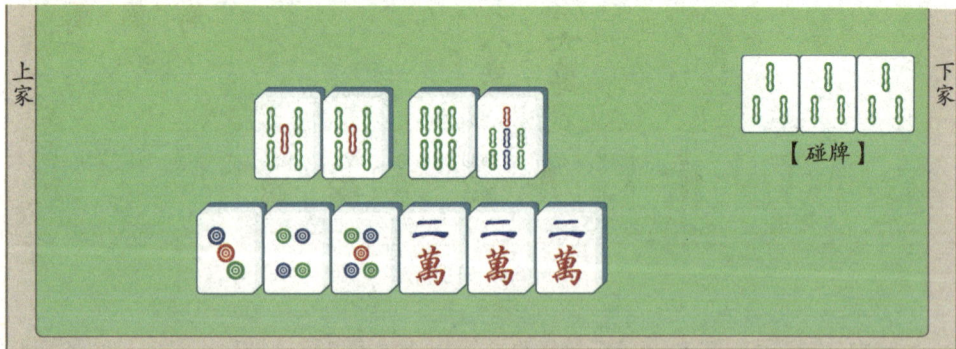

两面听 - 手牌（2）

2. 双碰听

在听 2 张的听牌牌型中，双碰听的听牌张数少，只有听牌对子的另外两张牌可胡，不考虑其余玩家的手牌及牌池中的舍牌情况，有 4 次胡牌机会。

例如，手牌为如下牌型，听牌落在一筒和九万的对子上，只能胡一筒或九万。

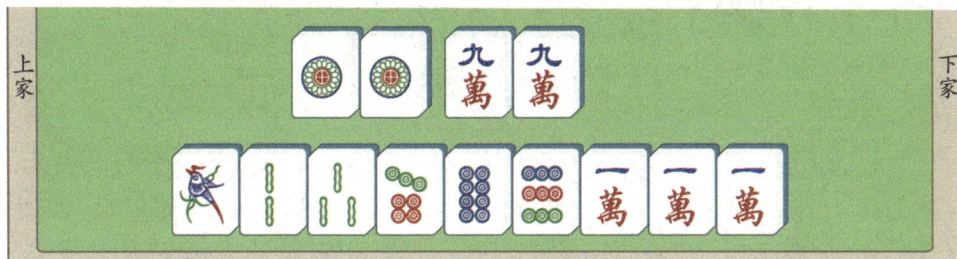

双碰听－手牌

手牌为双碰听牌型时，如果牌墙上的牌数很少，此时想胡的牌仍未出现，那么该牌很可能在其他玩家手里。如果玩家不愿意拆牌，胡牌概率就非常小。

因此，在条件允许的情况下可以尝试改变听牌牌型，改听其他牌。

3. 两面双钓将

两面双钓将即手牌已有三组牌，其余四张牌为同一花色数牌的四连顺，可单钓四连顺数牌的首尾两张牌。

例如，手牌为如下牌型，听牌落在三筒、四筒、五筒、六筒组成的四连顺上，可胡三筒或六筒。

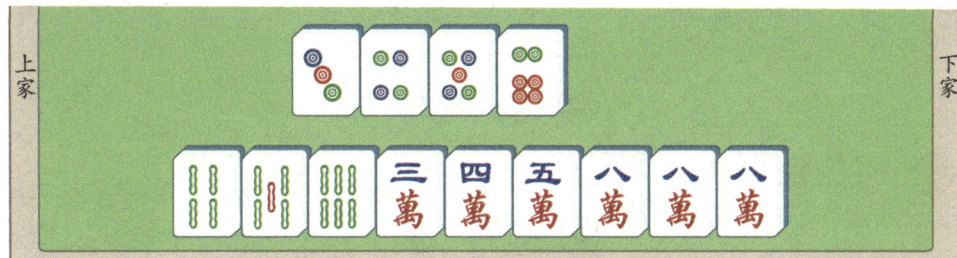

两面双钓将－手牌

四张数牌有以下组合形式：

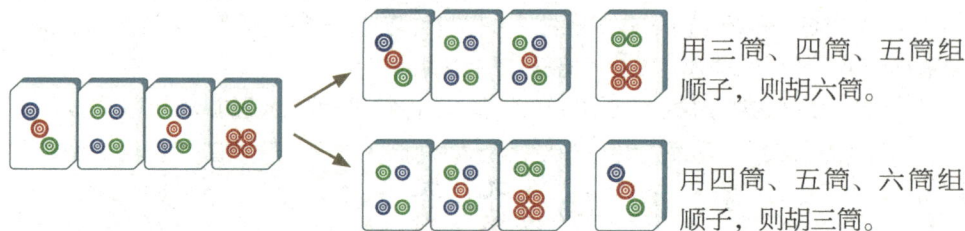

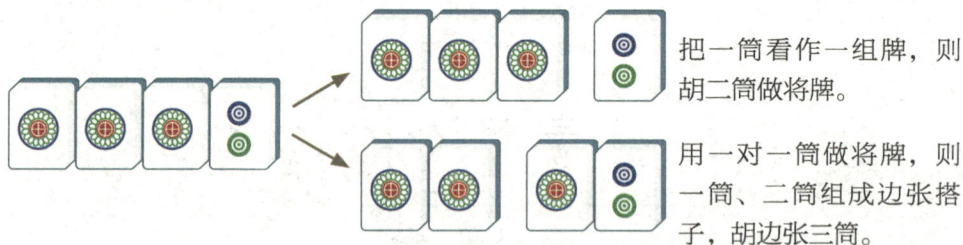

用三筒、四筒、五筒组顺子，则胡六筒。

用四筒、五筒、六筒组顺子，则胡三筒。

　　两面双钓将不仅听牌张数多，而且可以变换多种听牌牌型。继续以两面双钓将 - 手牌为例。当摸二筒舍六筒、摸七筒舍三筒，或者摸进三条、七条、二万、六万中的任意一张牌后舍出三筒或六筒，就能变换两面双钓将牌型的听牌点数与听牌花色。

4. 单钓带边张

　　单钓带边张即手牌已经组成三组牌，剩余四张牌是用一组刻子加与之相邻的单张数牌组成的。单钓带边张的听牌牌型要求刻子为数牌一或九。

　　例如，手牌为如下牌型，听牌组合为刻子一筒并带一张二筒，可胡二筒或三筒。

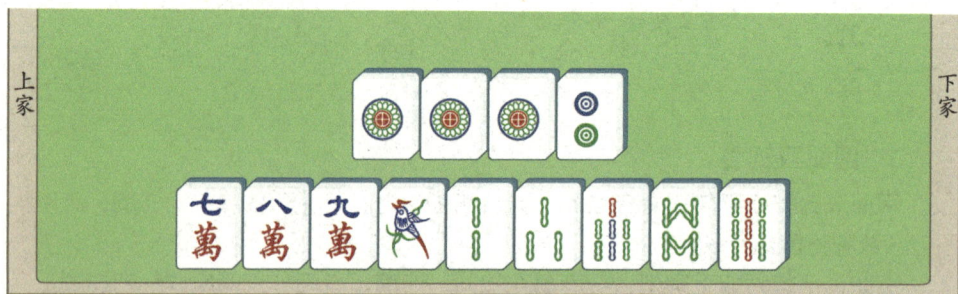

单钓带边张 - 手牌

四张数牌有以下组合形式：

把一筒看作一组牌，则胡二筒做将牌。

用一对一筒做将牌，则一筒、二筒组成边张搭子，胡边张三筒。

　　单钓带边张的听牌牌型有很强转换听牌张数的优势。继续以上图的手牌为例，当摸进可用的万字牌和条子牌，再舍出二筒，就可将手牌变成听 2 张或听 3 张的牌型。

5. 单钓带嵌张

与单钓带边张一样，单钓带嵌张的手牌已有四组牌并有一张单牌。二者的区别在于剩余的单张牌与刻子是间隔一个数的数牌。例如，手牌为如下牌型，有刻子五筒并带一张七筒，可听六筒、七筒。

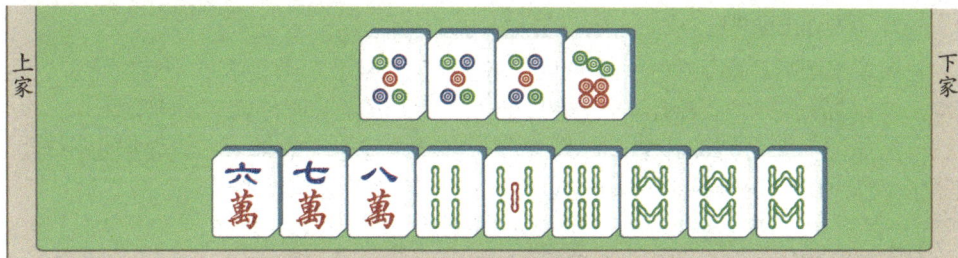

单钓带嵌张 – 手牌（1）

四张数牌有以下组合形式：

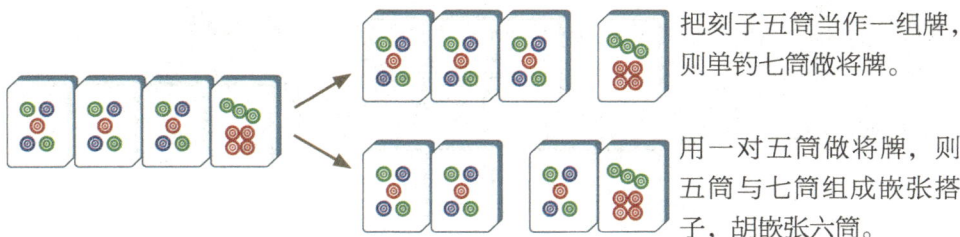

把刻子五筒当作一组牌，则单钓七筒做将牌。

用一对五筒做将牌，则五筒与七筒组成嵌张搭子，胡嵌张六筒。

此外，单钓带嵌张有另一种听牌形式。例如，手牌为如下牌型，听牌落在由刻子二万，顺子三万、四万、五万以及单张七万组成的这七张数牌上，可听六万、七万。

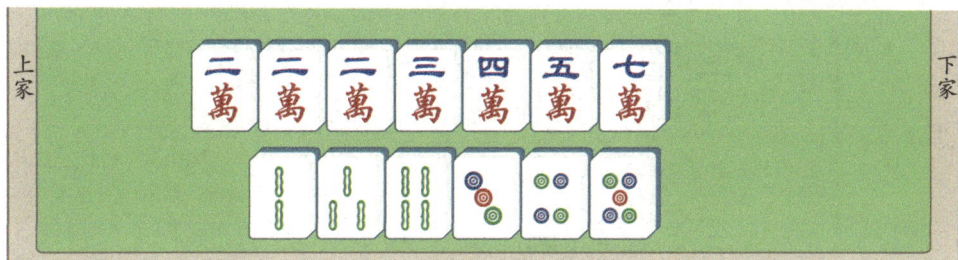

单钓带嵌张 – 手牌（2）

七张数牌有以下组合形式：

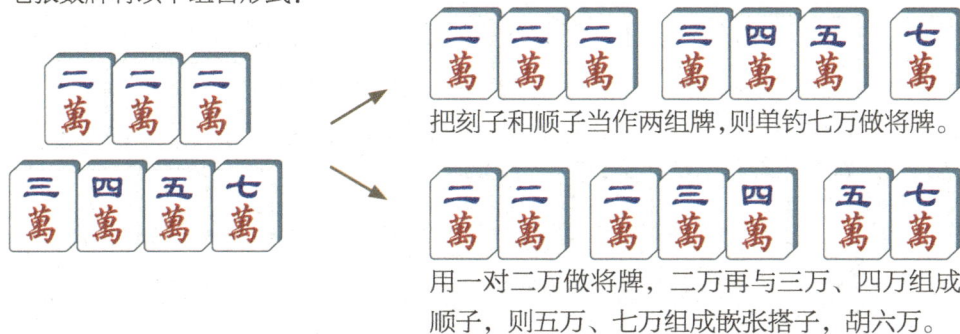

把刻子和顺子当作两组牌，则单钓七万做将牌。

用一对二万做将牌，二万再与三万、四万组成顺子，则五万、七万组成嵌张搭子，胡六万。

◆ 听 3 张

听 3 张，是指手牌在听牌后可胡的牌有三种。手牌听 3 张的牌型组合很多，常见的有典型三面听、三面单钓听、单钓两面听、双碰两面听、双碰单钓听、单嵌两面听、双钓单嵌听、三碰听等。

1. 典型三面听

典型三面听是指手牌中已组成两组牌和一对将牌，听牌落在不带有数牌一、九的五连顺数牌上。由于该组合里没有数牌一和九，因此搭子的两边都可听牌。

例如，手牌为如下牌型，听牌落在万字牌的五连顺数牌上，只要摸进一万、四万、七万中任意一张牌，就能组成两组顺子使手牌符合胡牌牌型。

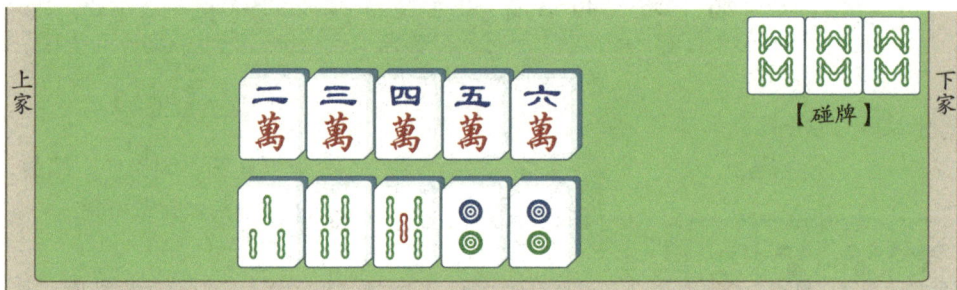

典型三面听 – 手牌

五张数牌有以下组合形式：

二万、三万、四万看作一组顺子，用五万、六万做听牌搭子，则可听四万、七万。

用二万、三万做听牌搭子，四万、五万、六万看作一组顺子，则可听一万、四万。

以典型三面听–手牌为例，如果牌局形势对听一万、四万、七万不利，有两种处理方法。

一是碰二筒舍二万或六万，转听三万、六万或二万、五万，变成两面双钓将牌型。

二是摸二万、三万、五万、六万中的任意一张牌组成对子后舍出一张不需要的牌，与二筒一起组成双碰听。

2. 三面单钓听

三面单钓听是指手牌中已组成两组牌，其余七张牌是相连的数牌。例如，手牌为如下牌型，可胡二条、五条、八条。

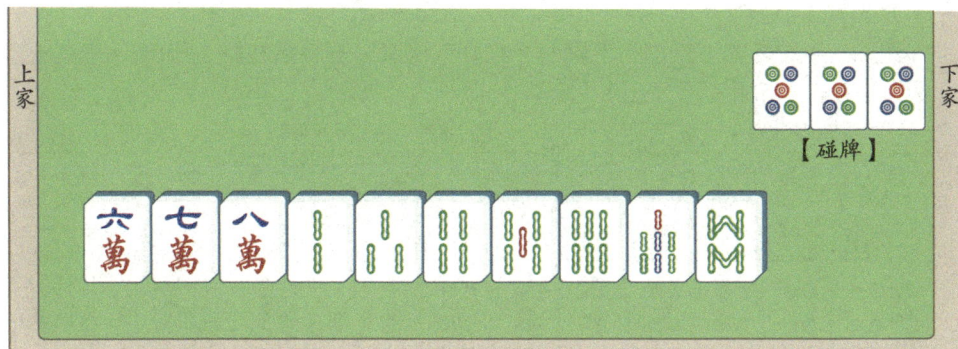

【碰牌】

三面单钓听 - 手牌

七张数牌有以下组合形式：

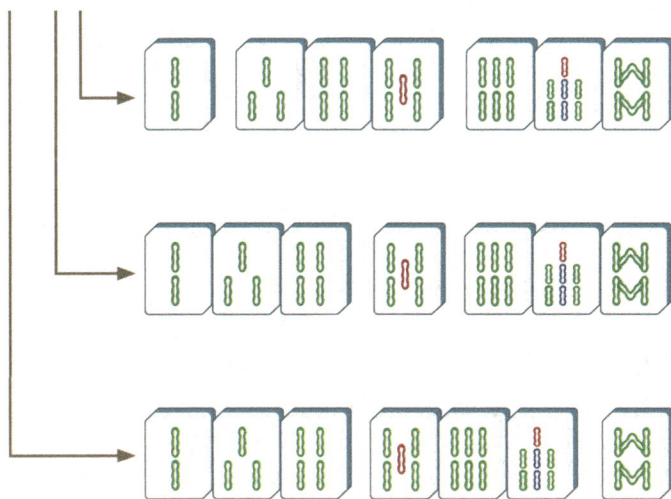

把三条、四条、五条和六条、七条、八条看作两组顺子，则单钓二条。

把二条、三条、四条和六条、七条、八条看作两组顺子，则单钓五条。

把二条、三条、四条和五条、六条、七条看作两组顺子，则单钓八条。

在三面单钓听的牌型基础上，可以通过变换手牌来改变听牌点数。如果把上述手牌中的二条换成九条，则可改听三条、六条、九条，如果把八条换成一条，则可改听一条、四条、七条。

同理，也可以把条子牌换成筒子牌和万字牌这两种花色，组合出对应的三面单钓听牌型。

3. 单钓两面听

符合单钓两面听的手牌牌型有两种，一种是手牌已经组成三组牌，剩下四张牌中有一组刻子和一张与刻子相连的数牌。注意，刻子和与之相连的单牌都不能是数牌一、九。

例如，手牌为如下牌型，手牌已经组好三组牌，听牌落在刻子四筒和单牌五筒组成的搭子上，可胡三筒、五筒、六筒。

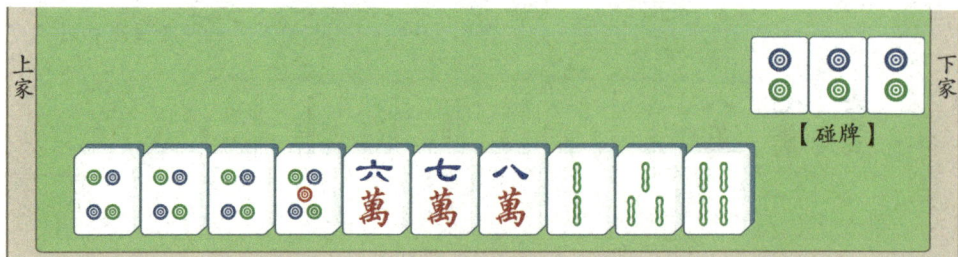

单钓两面听－手牌（1）

四张数牌有以下组合形式：

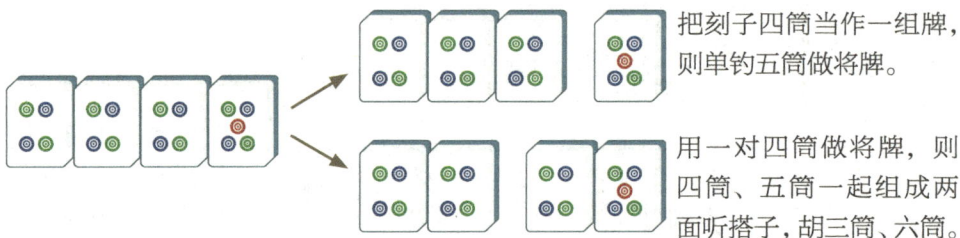

把刻子四筒当作一组牌，则单钓五筒做将牌。

用一对四筒做将牌，则四筒、五筒一起组成两面听搭子，胡三筒、六筒。

此外，单钓两面听还有另一种听牌牌型。手牌已经组好两组牌，剩下七张牌为一组顺子加相邻的一组刻子，并且顺子中间的那张牌有多张。

例如，手牌为如下牌型，手牌已经组好两组牌，听牌落在一张五筒、一对六筒、一张七筒和刻子八筒组成的这七张数牌上，可胡四筒、六筒、七筒。

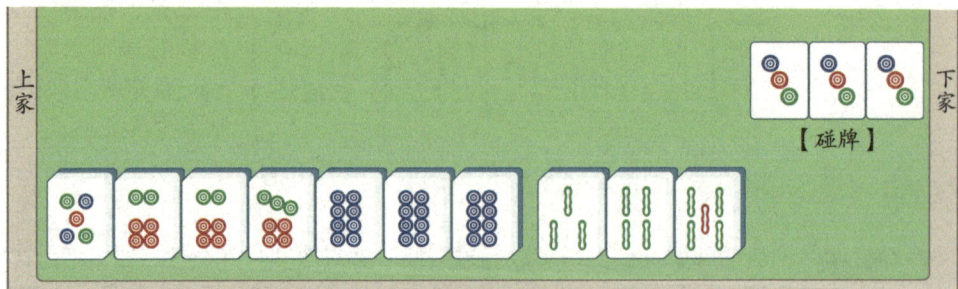

单钓两面听－手牌（2）

七张数牌有以下组合形式：

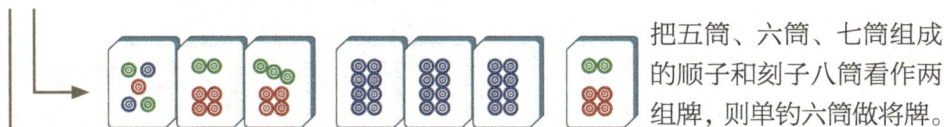

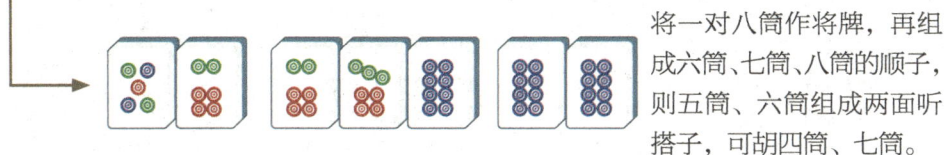

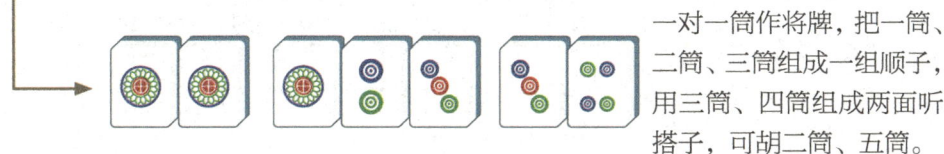

把五筒、六筒、七筒组成的顺子和刻子八筒看作两组牌，则单钓六筒做将牌。

将一对八筒作将牌，再组成六筒、七筒、八筒的顺子，则五筒、六筒组成两面听搭子，可胡四筒、七筒。

　　注意，在单钓两面听这个听牌牌型里，刻子可以是数牌一、九。

　　例如，手牌为如下牌型，手牌已经组好两组牌，听牌落在刻子一筒、一张二筒、一对三筒和一张四筒组成的这七张数牌上。拆组搭子后，手牌可胡二筒、三筒、五筒。

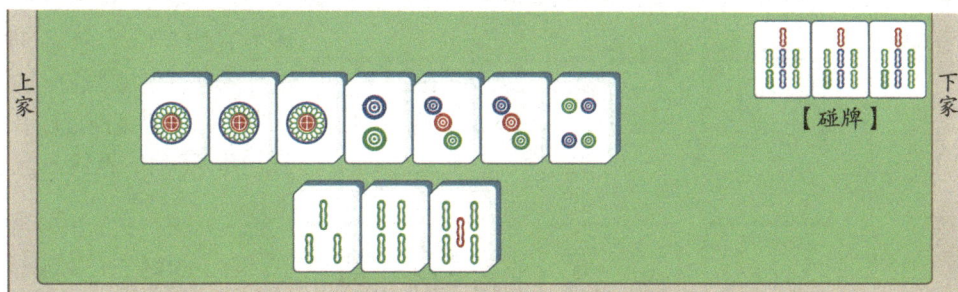

单钓两面听－手牌（3）

七张数牌有以下组合形式：

刻子一筒和二筒、三筒、四筒组成的顺子看作两组牌，则单钓三筒做将牌。

一对一筒作将牌，把一筒、二筒、三筒组成一组顺子，用三筒、四筒组成两面听搭子，可胡二筒、五筒。

4. 双碰两面听

双碰两面听是指手牌中已组成两组牌，剩下七张牌中有一组对子，另外五张牌由一组刻子加两张与之相连的数牌组成。注意，数牌不能是一、二和八、九。

例如，手牌为如下牌型，手牌已经组好两组牌，还有一对三条，听牌落在刻子五筒、一张六筒和一张七筒组成的这七张数牌上，可胡五筒、八筒和三条。

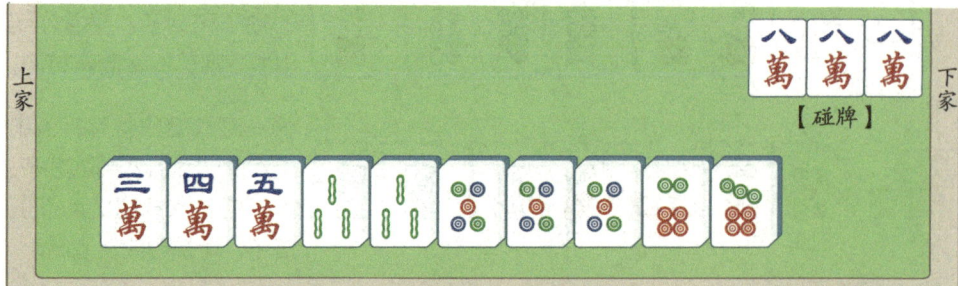

双碰两面听－手牌

七张数牌有以下组合形式：

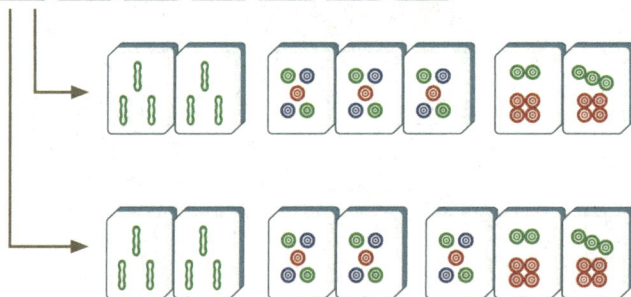

刻子五筒单独看作一组牌，一对三条做将牌，则六筒、七筒组成两面听搭子，可胡五筒、八筒。

五筒、六筒、七筒组成顺子，余下的对子五筒和对子三条组成双碰听。

5. 双碰单钓听

双碰单钓听是指手牌中已经组成两组牌，剩下七张牌由两组相同的顺子以及顺子中间的那张牌组成的牌型。

例如，手牌为如下牌型，手牌已经组好两组牌，听牌落在一对二万、三万刻子和一对四万组成的这七张数牌上，可胡二万、三万、四万。

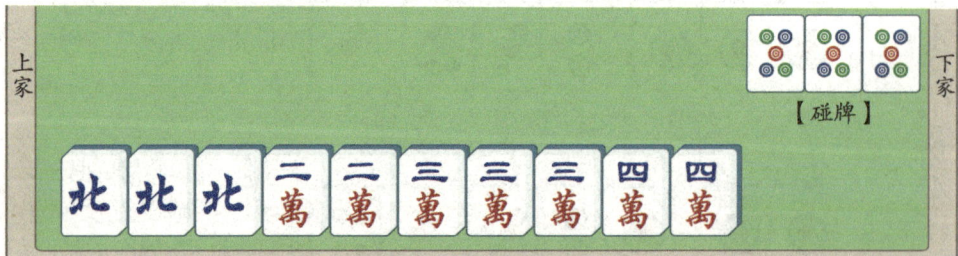

双碰单钓听－手牌（1）

七张数牌有以下组合形式：

把刻子三万看作一组牌，则手牌变成双碰听牌型，胡二万、四万。

用三万与二万、四万组成两组顺子，单钓三万做将牌。

双碰单钓听还有特殊组合牌型，即由三组连续的对子加一组刻子，再加两组不连续的对子组成。

例如，手牌为如下牌型，有一组刻子北风和五组对子，其中有三组对子是相连的数牌。这种牌型既可以听单钓七对，也可以听对子，即可胡北风、白板和七筒。

双碰单钓听 - 手牌（2）

十三张牌有以下组合形式：

把刻子北风和对子二万、三万、四万看作三组牌，手牌就变成双碰听牌型，胡白板、七筒。

把二万、三万、四万当作三组对子，两张北风做一组对子，那么手里就有六组对子，组成七对牌型，单钓北风。

6. 单嵌两面听

单嵌两面听牌型常见的有以下几种。

第一种听牌牌型是，手牌已经组成两组牌，剩下七张牌中有一组刻子，与刻子相隔一个点数的顺子，以及一张与顺子第一张牌或者最后一张牌相同的牌。

例如，手牌为如下牌型，手牌已经组好两组牌，听牌落在刻子三筒、一对五筒、一张六筒和一张七筒组成的这七张数牌上，可胡四筒、五筒、八筒。

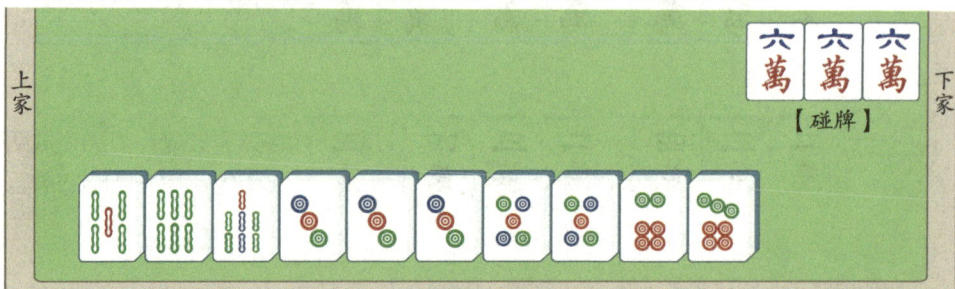

单嵌两面听 – 手牌（1）

七张数牌有以下组合形式：

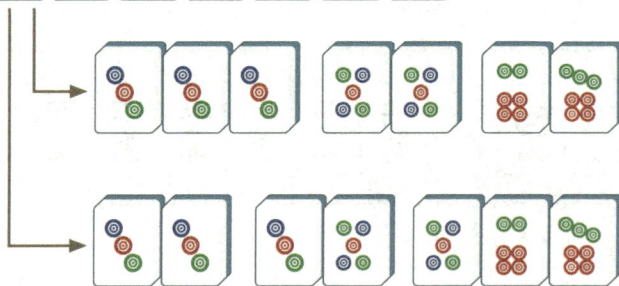

刻子三筒为一组牌，一对五筒做将牌，六筒、七筒组成两面听搭子，胡五筒、八筒。

五筒、六筒、七筒组成顺子，一对三筒做将牌，三筒、五筒组成嵌张搭子，胡四筒。

单嵌两面听的第二种听牌牌型与第一种类似，区别在于七张牌里刻子由点数小的数牌变成了点数大的数牌，与刻子相隔一个点数的顺子也发生变化。将刻子三筒、对子五筒、一张六筒和一张七筒的数牌组合变成一张三筒、一张四筒、对子五筒和刻子七筒的组合，再将其拆组成不同形式的组合。

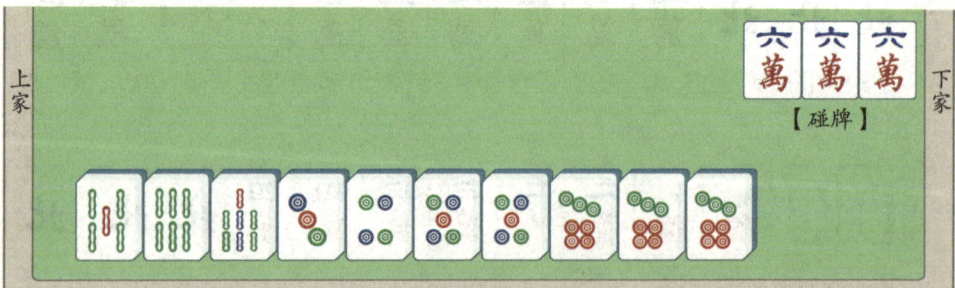

单嵌两面听 – 手牌（2）

　　下面展示的是单嵌两面听的第三种听牌牌型，即手牌里有组好的一组牌，用余下的十张牌来组成听牌组合。相比前面两种听牌牌型，此牌型组合方式较为复杂。

　　例如，手牌为如下牌型，可胡五筒、七筒、八筒。

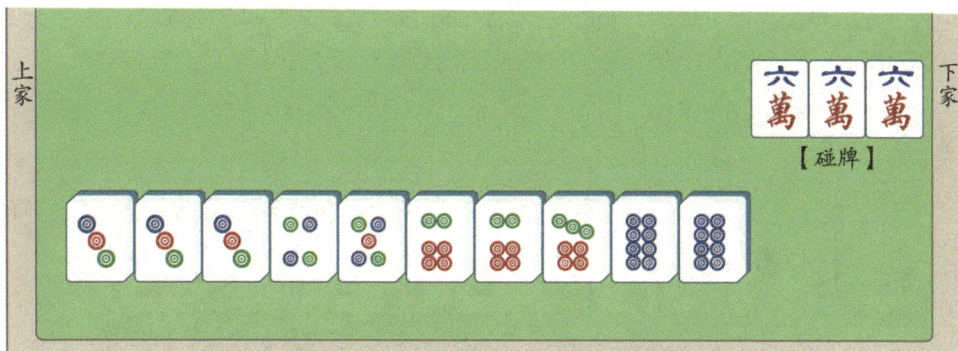

单嵌两面听－手牌（3）

十张数牌有以下组合形式：

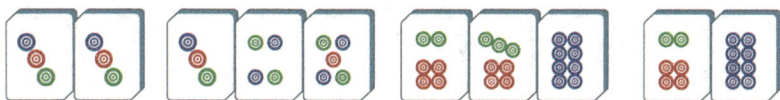

一对三筒做将牌，三筒、四筒、五筒和六筒、七筒、八筒分别组成一组顺子，则六筒、八筒组成嵌张搭子，胡七筒。

把刻子三筒和四筒、五筒、六筒组成的顺子看作两组，一对八筒做将牌，则六筒、七筒组成两面听搭子，胡五筒、八筒。

7. 双钓单嵌听

双钓单嵌听是指手牌已经组成两组牌，剩下七张牌中有一组刻子，以及与刻子牌相隔一个点数的四连顺。

例如，手牌为如下牌型。手牌已经组好两组牌，听牌落在刻子三筒和一张五筒、一张六筒、一张七筒、一张八筒组成的这七张数牌上，可胡四筒、五筒、八筒。

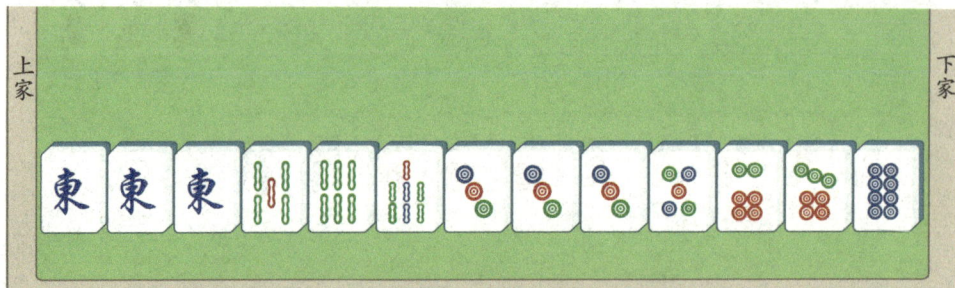

双钓单嵌听 – 手牌

七张数牌有以下组合形式：

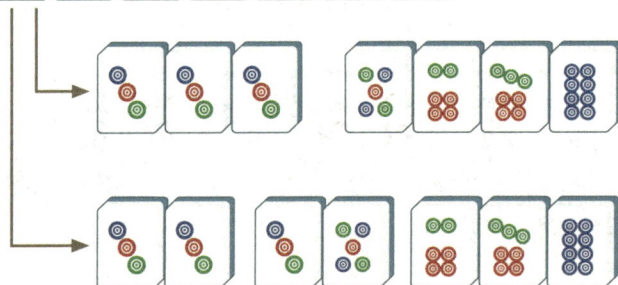

刻子三筒看作一组牌，手牌为两面单钓听，胡五筒、八筒。

六筒、七筒、八筒为一组顺子，用一对三筒做将牌，则三筒、五筒组成嵌张搭子，胡四筒。

如果把上述牌型里的刻子东风变成能与手中其他数牌建立联系的牌，就能根据牌局形势，调整听牌类型。

比如，把东风换成八条，当摸进四条舍出八筒时，手牌不仅可以听三条、六条、九条，还可以听四条、七条。听牌搭子增加了，可胡的牌变多了，胡牌机会就变大了。

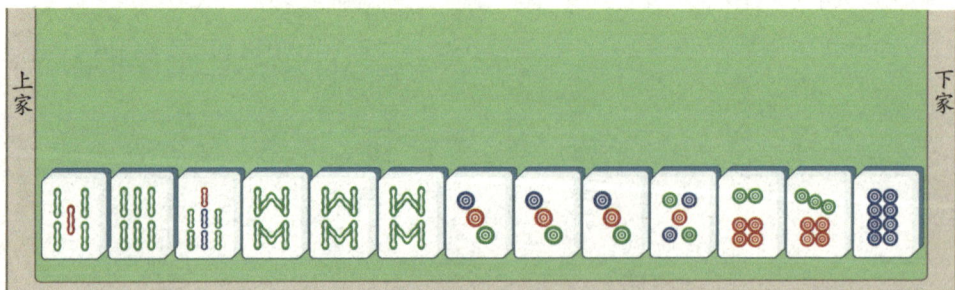

双钓单嵌听牌型转换

8. 三碰听

三碰听是指手牌中已经组成一组牌，其余十张牌有同一花色的四连顺对子以及一组单独的对子。

例如，手牌为如下牌型，结合这副手牌的牌型特点，只能做成双碰听，可胡南风、二万、五万。

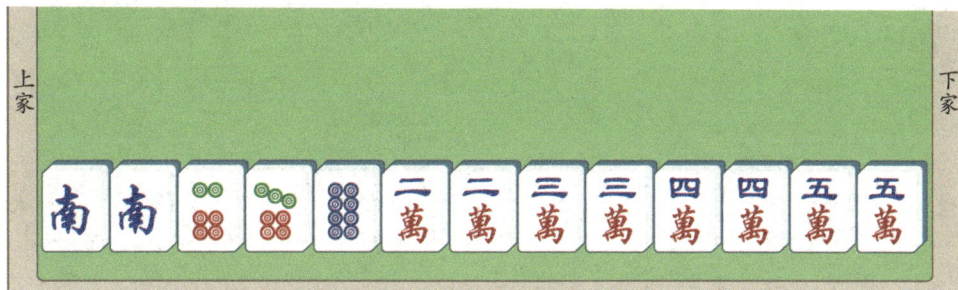

三碰听－手牌

十张牌有以下组合形式：

把对子二万、三万、四万看作两组顺子，则胡对子五万、南风。

把对子三万、四万、五万看作两组顺子，则胡对子二万、南风。

◆ 听4张

听4张，是指手牌在听牌后可胡的牌有四种。手牌听4张的牌型组合同样有很多，常见牌型组合有四面听、双碰两面听、双碰三面听、两面钓嵌听、单钓三面听、三碰单钓听等。

1. 四面听

四面听即手牌中已经组成两组牌，剩下的七张牌是由两张单牌、一组对子和一组刻子组成的四连顺。注意，搭子和刻子中不能带有数牌一、九。

例如，手牌为如下牌型，听牌落在二万、三万、对子四万和刻子五万组成的这七张数牌上，可胡一万、三万、四万、六万。

四面听－手牌

七张数牌有以下组合形式：

二万、三万、四万组成顺子，一对五万做将牌，四万、五万组成两面听搭子，胡三万、六万。

一对四万做将牌，刻子五万为一组，二万、三万组成搭子，胡一万、四万。

2. 双碰两面听

双碰两面听有两种牌型组合形式，第一种形式为手牌中已经组成两组牌，剩下的七张牌为既是双碰又是两面听的听牌牌型。注意，双碰听与两面听相结合的牌型为一组刻子加上与刻子相连的两组对子，且手牌听牌落在同一花色的牌上。

例如，手牌为如下牌型，听牌落在刻子二条和对子三条、四条组成的这七张数牌上，可胡二条、三条、四条、五条。

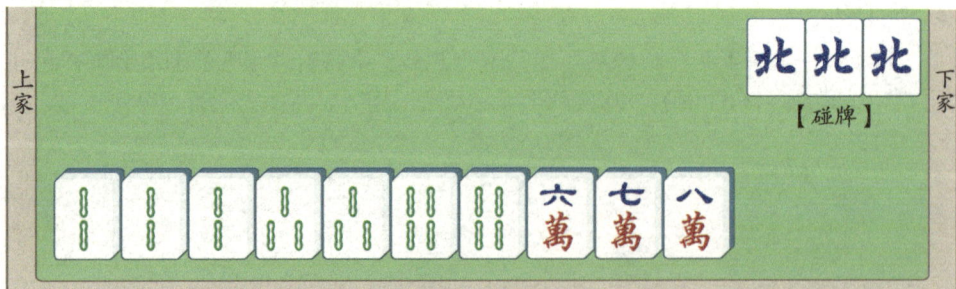

双碰两面听－手牌（1）

七张数牌有以下组合形式：

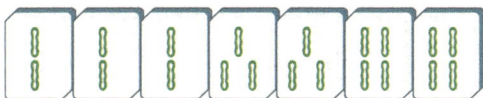

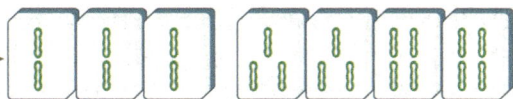

把刻子二条看成一组牌，则手牌变成双碰听牌型，胡三条、四条。

一对二条做将牌，二条、三条、四条组成顺子，三条、四条组成搭子，胡二条、五条。

　　下面展示的是双碰两面听牌型的另一种形式，即手牌里已经组好一组牌，剩下十张牌为既是双碰听又是两面听的听牌牌型。

　　例如，手牌为如下牌型，听牌分别落在刻子二条和三条、四条组成的这五张数牌上，以及刻子五筒、六筒和七筒组成的这五张数牌上，可听二条、五条和五筒、八筒。

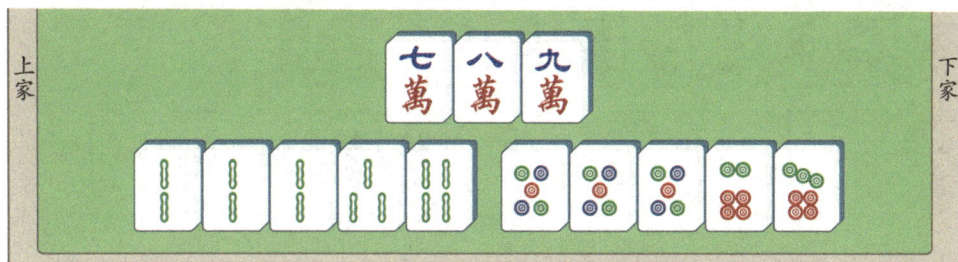

双碰两面听－手牌（2）

十张数牌有以下组合形式：

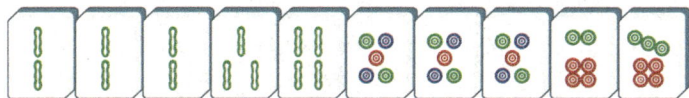

将刻子二条作为一组，一对五筒做将牌，五筒、六筒、七筒组成顺子，三条、四条组成连张搭子，则胡二条、五条。

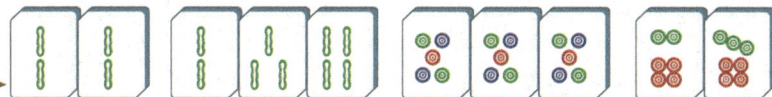

一对二条做将牌，将刻子五筒作为一组，二条、三条、四条组成顺子，六筒、七筒组成连张搭子，则胡五筒、八筒。

把两组刻子拆开分别与对应的牌组成顺子，则胡对子五筒、二条。

3. 双碰三面听

双碰三面听即手牌中已经组成一组牌，剩下十张牌组成既可以双碰听又可以三面听的听牌牌型。双碰三面听牌型特点是，需要五张相连的数牌和与数牌相连的一组刻子，再另加一组单独的对子。

例如，手牌为如下牌型。手牌已经碰出一组牌，听牌落在筒子牌和条子牌组成的既能三面听又能双碰听的十张数牌上，可胡二筒、五筒、八筒和五条。

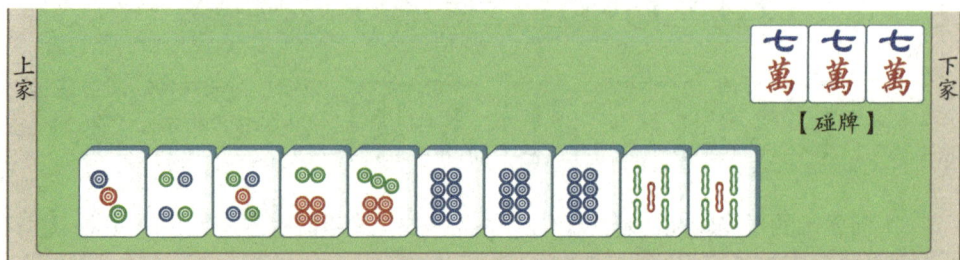

双碰三面听 – 手牌

十张数牌有以下组合形式：

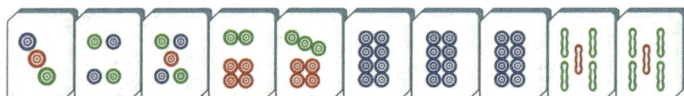

五条做将牌，刻子八筒为一组牌，三筒、四筒、五筒、六筒、七筒则组成三面听搭子，胡二筒、五筒、八筒。

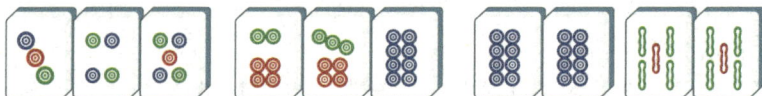

三筒、四筒、五筒和六筒、七筒、八筒分别组成顺子，手牌变成听八筒、五条的双碰听牌型。

4. 两面钓嵌听

两面钓嵌听即手牌中已经组成两组牌，剩下的七张牌是两组连续的刻子和与刻子连续的单牌组成的。例如，手牌为如下牌型，听牌落在单牌三万和刻子四万、五万组成的这七张数牌上，可胡二万、三万、四万、五万。

两面钓嵌听 – 手牌

七张数牌有以下组合形式：

把刻子四万、五万看作两组牌，单钓三万做将牌。

一对四万做将牌，刻子五万看作一组牌，三万、四万组成连张搭子，胡二万、五万。

一对五万做将牌，刻子四万看作一组牌，三万、五万组成嵌张搭子，胡四万。

5. 单钓三面听

单钓三面听即手牌中已经组成两组牌，剩下七张牌是由一张单牌、一组刻子和一组顺子组成的听牌牌型。注意，用剩余七张牌组成的牌中，边张数牌不能为一或九。边张带有数牌一或九，听牌张数就只有三张。

例如，手牌为如下牌型，听牌落在二条、刻子三条和四条、五条、六条组成的顺子的七张数牌上，可胡一条、二条、四条、七条。

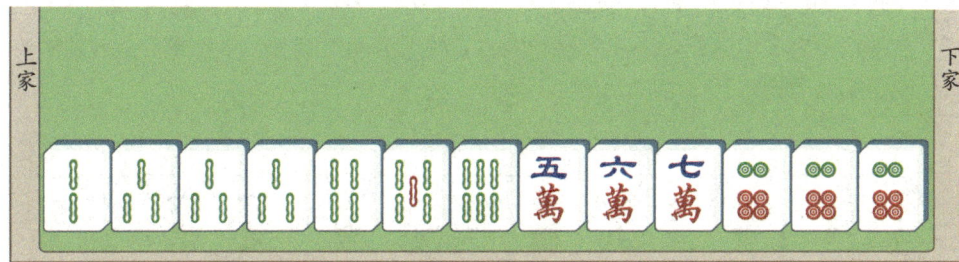

单钓三面听－手牌

七张数牌有以下组合形式：

一对三条做将牌，二条、三条、四条、五条、六条组成三面听搭子，胡一条、四条、七条。

刻子三条和四条、五条、六条组成的顺子看作两组牌，单钓二条做将牌。

6. 三碰单钓听

三碰单钓听牌型首先要求手牌不能吃牌、碰牌和杠牌。其次，手牌由四连顺对子、一组刻子和一组对子组成。

例如，手牌为如下牌型，有三筒、四筒、五筒、六筒组成的四连对，刻子八条，以及一对六万，可听三筒、六筒、六万和八条。

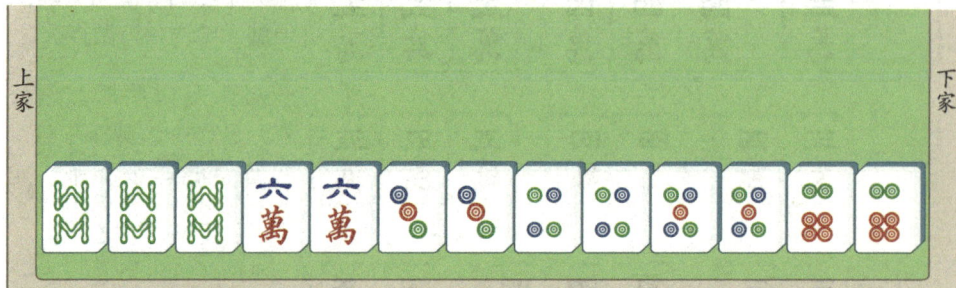

三碰单钓听 – 手牌

十三张牌有以下组合形式：

刻子八条为一组牌，对子三筒、四筒、五筒组成两组顺子，手牌就变成双碰听牌型，胡六筒、六万。

刻子八条为一组牌，对子四筒、五筒、六筒组成两组顺子，手牌变成双碰听牌型，胡三筒、六万。

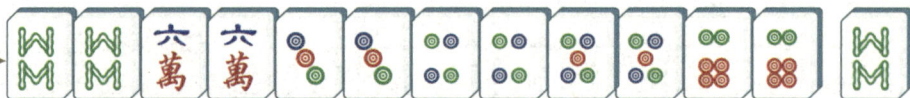

三筒、四筒、五筒、六筒当作四组对子，两张六万作一组对子，成为七对牌型，单钓八条。

附录 麻将胡牌番种

《中国麻将竞赛规则》根据组成胡牌牌型的难易程度，认定了81个番种，将这些番种根据分值从高到低分为12级，依次为88、64、48、32、24、16、12、8、6、4、2、1番。对于初学麻将的玩家来说，做88、64、48、32、24、16、12、8番这些高番数的牌型会比较困难，可以先尝试做6、4、2、1番这些低番数的牌型，在多次实战中提高玩麻将的水平，积累经验后再去挑战做高番数的牌型。

扫描本页右上角的二维码，即可获取电子资源。电子资源详细地展示了81个麻将胡牌番种。

在《中国麻将竞赛规则》里认定的番种有81个，但是有的地区因其麻将玩法的不同和算番方法的不同，有专门针对该地区麻将玩法的胡牌牌型算番方式。有兴趣的读者可以自行查阅资料，了解不同地区的算番规则。